"十三五"职业教育国家规划教材

财经文员实务

Caijing Wenyuan Shiwu

林　晓　主编

高等教育出版社·北京

内容简介

本书是"十三五"职业教育国家规划教材,是依据教育部《中等职业学校会计专业教学标准》和《中等职业学校会计电算化专业教学标准》编写而成的。

本书以用人单位对财经文员知识与技能的需求为基础,以中小企业财经文员的日常工作为主线,采用任务驱动法构建内容结构,设计了12个主题51个任务来呈现财经文员岗位日常办公事务。本书主要内容包括商务沟通、办公设备及办公软件的使用、信息的收集与整理、办公事务、会务工作、商务旅行、档案管理、劳动合同管理、职工薪酬管理、纳税业务、商事变更登记与年度报告公示、拟写常用事务文书等。

本书配有二维码和学习卡教学资源,方便教师教学和学生自主学习。

本书既可作为中等职业学校财经类专业及相关专业教学用书,也可作为企业文职工作人员岗位培训或继续教育教学用书。

图书在版编目（ＣＩＰ）数据

财经文员实务 / 林晓主编. -- 北京 ： 高等教育出版社，2018.8（2021.11重印）
ISBN 978-7-04-050145-2

Ⅰ. ①财… Ⅱ. ①林… Ⅲ. ①文书工作-中等专业学校-教材 Ⅳ. ①C931.46

中国版本图书馆CIP数据核字(2018)第165849号

策划编辑 陈伟清　　　责任编辑 陈伟清　　　封面设计 张　志　　　版式设计 童　丹
插图绘制 于　博　　　责任校对 陈　杨　　　责任印制 刁　毅

出版发行	高等教育出版社	网　　址	http://www.hep.edu.cn
社　　址	北京市西城区德外大街4号		http://www.hep.com.cn
邮政编码	100120	网上订购	http://www.hepmall.com.cn
印　　刷	山东百润本色印刷有限公司		http://www.hepmall.com
开　　本	787 mm×1092 mm　1/16		http://www.hepmall.cn
印　　张	13.25		
字　　数	300千字	版　　次	2018年8月第1版
购书热线	010-58581118	印　　次	2021年11月第5次印刷
咨询电话	400-810-0598	定　　价	28.60元

本书如有缺页、倒页、脱页等质量问题,请到所购图书销售部门联系调换
版权所有　侵权必究
物料号　50145-A0

前　言

随着全球经济及信息技术的飞速发展,利用互联网实现商务活动的国际化、信息化和无纸化,已经成为经济全球化发展的一大趋势。通过对多家用人单位进行的人才需求调查发现:既有现代文秘专业知识,又懂管理及财务知识,能熟练使用现代办公设备的财经文职工作人员越来越受用人单位青睐。本着"以就业为导向、以能力为本位、以实践为主线"的职业教育思想,我们编写了本书。

本书以中小企业财经文员的日常工作为主线,采用任务驱动法构建内容结构,设计了12个主题51个任务来呈现财经文员岗位日常办公事务,着重围绕商务沟通、办公设备及办公软件的使用、信息的收集与整理、办公事务、会务工作、商务旅行、档案管理、劳动合同管理、职工薪酬管理、纳税业务、商事变更登记与年度报告公示、拟写常用事务文书等方面构建教学内容,使学生了解、熟悉、掌握企业财经文员的各个工作环节。

本书教学内容实用,以工作过程为基础,每一主题即为一日常工作项目,每一任务即为日常工作项目所涉及的常规任务,各个任务既是独立的,又是有机联系的。在本书编写过程中,我们将职业岗位中的财经文员岗位定位在仿真的环境下,以学生为主体,充分考虑学生的已有知识、技能、经验与兴趣,使学生置身于现实的工作环境中去办理各种企业经营业务、处理各项办公事务,为学生从事财经文员工作营造一个良好的锻炼氛围。

本书按72学时编排教学内容,具体学时分配表如下(仅供参考):

学时分配表

教学内容	学时数			
	讲授	训练	机动	合计
主题1　商务沟通	2	4		6
主题2　办公设备及办公软件的使用	1	4		5
主题3　信息的收集与整理	2	3		5
主题4　办公事务	2	2		4
主题5　会务工作	4	6		10
主题6　商务旅行	1	3		4
主题7　档案管理	1	3		4
主题8　劳动合同管理	3	2		5
主题9　职工薪酬管理	2	4		6
主题10　纳税业务	2	3		5
主题11　商事变更登记与年度报告公示	2	2		4
主题12　拟写常用事务文书	4	6		10
机动			4	4
合计	26	42	4	72

　　本书由广州财经职业学校林晓主编并负责全书的总纂。具体的编写分工是:主题 1 由赖军和岑惠仪编写,主题 2 和主题 3 由张泳编写,主题 4 和主题 7 由何俊编写,主题 5 和主题 6 由林晓编写,主题 8 由李洁煌编写,主题 9 由谢丽萍编写,主题 10 由林敏洁编写,主题 11 由李洁煌编写,主题 12 由张樱妍编写,赖一元设计了全书的卡通图示。

　　为了方便教师教学和学生自主学习,本书配有二维码数字资源,可在网络环境下"扫一扫"书中的二维码图片,获取相关的视频资料或阅读资料。同时,本书还配有学习卡资源,详细使用说明见本书"郑重声明"页。

　　限于编者的水平,教材中难免存在疏漏和不妥之处,敬请批评指正。书中模拟企业的名称、工作人员姓名均经适当处理,如有雷同,纯属巧合。读者意见反馈信箱:zz_dzyj@pub.hep.cn。

编　者

2018 年 5 月

本书配套的数字化资源获取与使用

二维码教学资源

本书配有知识拓展、教学视频以及相关法律法规等资源，在书中以二维码形式呈现。扫描书中的二维码进行查看，随时随地获取学习内容，享受立体化阅读体验。

打开书中附二维码的页面　　　　扫描二维码　　　　查看相应资源

Abook 教学资源

本书配套 PPT、授课教案、部分参考答案等教学资源，请登录高等教育出版社 Abook 网站 http://abook.hep.com.cn/sve 获取。详细使用方法见本书"郑重声明"页。

注册	登录	绑定课程
访问网站 abook.hep.com.cn/sve 自行设定用户名、密码，留下常用邮箱	需匹配用户名、 密码、验证码	输入教材封底所附学习卡 上的密码，免费获取资源

扫码下载 APP

目　　录

商 务 沟 通

沟通是一门艺术,也是一门学问。沟通有个最终的目的,有的时候只是为了获得一些需要的信息,有的时候是为了谈判或解决问题,而有的时候看似没有什么结果,却是下一次沟通的伏笔。

商务沟通是指商务活动中的交流、洽谈过程。其效果要看个人综合素质(如语言驾驭能力、应变能力、亲和力、诚信度、影响力等)、经验及公司实力等诸多因素。其目的在于知己知彼,找到切入点,与客户良性互动,从而与客户建立业务合作伙伴关系。通过商务沟通,能促进商务双方之间的友好往来,也能促进商务双方之间的经济发展。因此,没有商务沟通,就没有经济利益发展。

任务 1.1 接待来访人员

 目的

热情、礼貌地做好迎来送往工作，为企业塑造良好的形象。

 情景

广州市东方广告图文公司的设计总监王涛（男）和他的助手陆思（女）就广告文案的定稿约见广州市天地信息科技有限公司张经理。初薇负责接待王总监和他的助手，并把他们引领到张经理的办公室。接待来访人员情景如图 1-1 所示。

图 1-1　初薇与张经理接待客人

王总监与张经理谈话完毕，张经理和初薇一起送别王总监和陆思。

 方式

四人为一组，分别扮演广州市天地信息科技有限公司张经理和初薇，以及客户——广州市东方广告图文公司的设计总监王涛及其助手陆思。

> 建议：
> 可以提前准备茶、咖啡或饮料等。

 指导

接待来访人员工作做得好坏直接影响客人的心情与感受，更直接影响本企业的形象，因此，接待工作要求有"三声"。第一声：来有迎声。当客人走进办公室或向接待来

接待客户

访的人员走来的时候,应先主动微笑致意:"您好!"第二声:问有答声。对客人提出的问题做到有问必答,不厌其烦。第三声:去有送声。当客人告辞的时候,要道别,要说"再见,欢迎再来"等话语,做到善始善终。

1. 接待

一般地,接待来访人员工作有以下5个步骤:

(1) 问候。客人一进门,企业前台的接待人员就要马上站起来,微笑着向客人问候。一般的常用语是:"您好,欢迎您!""您好,很高兴能帮助您。""您好,需要我帮忙吗?"

(2) 了解客人的身份和来访目的。当了解到客人是按时、按约而来的,应该马上通知被访者。如果客人提前十几分钟甚至更长时间到达,就可以安排其到会客室等候,并告诉客人,被访者在接待前一位客人,请其稍候,并送上茶水。如果客人是未预约的,那么接待者应了解客人的要求,根据情况安排合适的人接待。如果当天实在无法接待,就要向客人耐心解释,并帮他预约,定好下次来访的时间和接待人员。

(3) 引领客人到贵宾室或有关的办公室。在此必须特别注意引领的方式,如果单排行进,那么引领者应走在客人的前面为其领路;如果宾主并排行进,那么引领者应走在外侧后面或偏后一些的位置。上楼梯时,引领者应走在客人的后面;下楼梯时,应走在客人的前面。同时,在上下楼梯时,要注意姿势和速度,与客人之间保持一定的距离。当进入有人管理的电梯时,引领者应后进后出;而当进入无人管理的电梯时,引领者则应先进后出。来到贵宾室或办公室门口时,引领者应先打开门,请客人先进,同时注意规范运用手势,并说诸如"您请""请走这边""请各位小心"等提示语,注意用手轻推、轻拉、轻关房门。

(4) 为客人准备茶、咖啡或饮料等。通常用以茶待客的方式。上茶的顺序一般应为:先客后主,先女后男,先长后幼。为客人倒的茶,通常不易斟满,以杯深的2/3处为宜,应双手奉上。

(5) 安排主管接见。主管与客人见面之前,接待人员应先将客人的基本资料、相貌特征和来访目的向主管报告,以便双方见面时能立刻进入状态。另外,值得特别注意的是,接待人员为来访客人做介绍时,千万不要长篇大论,而应简明扼要,只要说清姓名、公司名称、头衔这三大重点就行了。例如,"王总监,让我来为您介绍,这位是本公司的张经理。"

2. 送客

常言道:"出迎三步,身送七步。"可见,送客比接待更重要,因为它可留给对方美好的回忆。送客应注意以下三点:

(1) 起立相送。客人打算离去时,会谈人员要起身送出,但一定要待客人起身后,自己再站起来,否则会有撵客之嫌,并要为客人拉开门,请客人先行,还要留意客人是否有物品遗留,不要让客人回头再来取一次。

(2) 握手道别。客人离开前应询问他是否熟悉回程路线,以及搭乘交通工具的地点和方向。将客人送至门外时,与之握手话别,切记应由客人先伸手。同时,说"请走好""再见""请下次再来"等话语。

(3) 目送离去。一般将客人送到门外,若送到电梯口,应为客人叫电梯,陪客人等候,握别后目送客人乘电梯离去。若将客人送至小轿车旁,应看着客人坐好,挥手告别,车子开出100米左右或等到车子驶出视野后才转身回去。

成果

请写出接待来访者的顺序。

（1）一般顺序：

（2）在有预约的情况下：

（3）在没有预约的情况下：

 评价

作为小组成员，本人应先进行自我评价，然后再采取小组互评（占 50%）与教师评价（占 50%）相结合的方式进行评价。小组和教师分别填写小组接待来访人员评价表（见表 1-1），然后取两者评价所得总分的平均数作为最后成绩。

表 1-1

接待来访人员评价表

小组名称：   总分：

考查项目	得分	考查项目	得分
称呼、问候语(15%)		微笑(5%)	
引领方式(10%)		眼神(5%)	
奉茶方式(10%)		语调(5%)	
介绍(20%)		语速(5%)	
送客礼仪(15%)		合作精神(10%)	

注：表中百分数是指考查项目分数占总分的比重。

总分_____。

［教师点评］

任务 1.2　拜访客户

　目的

能自信地以积极健康的仪容、举止与他人交谈，包括自我介绍、为他人做介绍、与他人握手、递接名片等，并圆满完成拜访客户的任务。

　情景

广州市天地信息科技有限公司张经理和初薇就 B 商品的价格问题一起去拜访本公司的供货商——广州市方圆电子有限公司的市场部经理孙浩（男）及业务骨干李莉（女），如图 1-2 所示。

图 1-2　张经理和初薇
拜访公司客户

　方式

四人为一组，分别扮演广州市天地信息科技有限公司张经理和初薇，以及客户——广州市方圆电子有限公司市场部经理孙浩和业务骨干李莉。

　指导

拜访前，最好先预约，说明拜访的目的，商定双方适宜的时间，尽量不做不速之客。拜访前需准备好有关商谈内容的材料。拜访的首要规则是准时，既不能迟到也不能早到。如果提前很长时间到达目的地，应该先在外面找个地方等一会儿，差五六分钟的时候再进去。如果有紧急的事情，不得不晚到，或者遇到交通堵塞，那么应通知对方要晚一点儿到。拜访时，应首先向前台报出自己的身份和要见的人，并告之已有约定，然后安静等待前台的安排。当被引到约见者办公室时，如果是第一次见面，就要先做自我介绍；如果已经认识了，只要互相问候并握手即可。正式谈话结束后，主、客双方常常会闲聊几句，但最好不要超过 10 分钟。作为客人，要主动告辞，以免耽误对方的时间，并先站起来向外走，而主人应跟在后面送客。

拜访客户

要记住以下常规商务礼仪：

（1）工作式的自我介绍：本人姓名＋供职单位及部门＋担任的职务或从事的具体工作。

（2）为他人做介绍时应遵循"受到特别尊重的一方有了解的优先权"的原则。

（3）握手的先后顺序是：主人、年长者、身份高者、妇女先伸手；客人、年轻者、身份低者、男士见面时先问候，待对方伸手再握。

（4）递、接名片时最好用双手，或右手递、右手接；名片的正面应向着对方；接过对方的名片后应点头致谢，并认真地看或轻声读一遍。

 成果

请对下列行为进行判断。符合商务礼仪的在对应的括号里打"√"。

（1）西装袖口的商标没有摘下，就直接穿上了。　　　　　是（　　）　否（　　）

（2）西装干洗后有点皱，但不太明显，可以接着穿。　　　是（　　）　否（　　）

（3）在严肃场合下，站立时，忘记系上西服纽扣。　　　　是（　　）　否（　　）

（4）单排扣西装的纽扣需全部扣上。　　　　　　　　　　是（　　）　否（　　）

（5）天热了，在办公室卷起裤腿。　　　　　　　　　　　是（　　）　否（　　）

（6）天冷了，在西服里面套了一件圆领毛衣。　　　　　　是（　　）　否（　　）

（7）西装衬衫里再穿了一件高领内衣。　　　　　　　　　是（　　）　否（　　）

（8）为了安全，钱包放在西裤口袋里。　　　　　　　　　是（　　）　否（　　）

（9）"物以致用"，西服口袋被东西塞得满满的。　　　　　是（　　）　否（　　）

（10）西服穿了几天，有点异味，但不严重，还可以将就再穿一天。

是（　　）　否（　　）

 评价

作为小组成员，本人应先进行自我评价，然后再采取小组互评（占50%）与教师评价（占50%）相结合的方式进行评价。小组和教师分别填写小组拜访客户评价表（见表1-2），然后取两者评价所得总分的平均数作为最后成绩。

表1-2

拜访客户评价表

小组名称：　　　　　　　　　　　　　　　　　　　　　　　　　　　　总分：

考查项目	得分	考查项目	得分
介绍（20%）		微笑（5%）	
握手（10%）		眼神（5%）	
递接名片（20%）		语调（5%）	
姿态（10%）		语速（5%）	
着装（10%）		合作精神（10%）	

注：表中百分数是指考查项目分数占总分的比重。

总分＿＿＿＿＿＿＿。

［教师点评］

任务 1.3　沟通话术

 目的

"脖子以上的部位永远是决定成败的关键。"学会说话,提高沟通话术。

情景

[情景 1]广州市天地信息科技有限公司张经理通知初薇开始准备一年一度的公司产品展销会。其情景如图 1-3 所示。

图 1-3　张经理安排初薇联系展销会场地

[情景 2]初薇来到广州琶洲会展中心,与该中心物业管理处主管洽谈租用场地事宜。其情景如图 1-4 所示。

图 1-4　初薇与会展中心物业主管洽谈租用场地事宜

[情景3] 回到单位后,初薇向张经理汇报了租用场地事宜。张经理听完后表示非常满意。其情景如图1-5所示。

图1-5　张经理表扬初薇

[情景4] 由于公司的业务量大增,人力资源部招聘了一批业务员。张经理对这些新员工进行培训。其情景如图1-6所示。

图 1-6 张经理培训新业务员

随后,张经理向这些新业务员提了以下问题:

(1) 漫画中的业务员,你认为谁的回答最恰当? 为什么?

(2) 假如你是业务员,会怎么回答呢?

 方式

(1) 两人为一组,共同演绎[情景 2]初薇和物业主管的对话,思考:初薇为什么能租到合适的场地?

(2) 两人为一组,共同演绎[情景 3]张经理和初薇的对话,思考:假如你是张经理,会如何表扬初薇? 假如你是初薇,又会如何回应张经理的表扬?

(3) 两人为一组,共同演绎[情景 4]客户与业务员的对话,写出自认为比较恰当的回答。

 指导

话术,又名说话的艺术。我国五千年的文化绝大多数都是围绕着话术展开的。它看似简单,却包含着做人做事的技巧,正所谓依"心"而生。好的沟通需要一定的话术来构成一个完整的沟通模式,必须熟练掌握关心的话、赞美的话、感谢的话、批评的话、拒绝的话、鼓励的话等沟通话术。

沟通话术
技巧

1. 关心的话

关心对方的生活,重视对方的事业,了解对方的需求。只有如此,才能做到心中有数,有针对性地沟通,才易打动对方,达成共识。例如,关心病人的时候,可以说"多喝点水,多吃点水果,好好休息,健康才是最重要的";关心父母的时候,可以说"少吃盐,少吃糖,少生气,多微笑"。

2. 赞美的话

赞美,本来就是做人的一种美德,我们必须学会赞美。人一旦受到赞美,就难以拒绝别人的好意或建议。另外,赞美可以提高人的信心。例如,在与客户交流时,可以说"与您打交道,可真能学到东西""您太有智慧了""这套西服穿在您身上,真是帅气极了"等。

(1) 赞美行为而非个人。例如,如果对方是厨师,千万不要说:"你真是了不起的厨师。"他心里知道有更多厨师比他还优秀。但如果你告诉他,一周里有三四天的时间你会到他的餐厅吃饭,这就是非常高明的赞美。

(2) 透过第三者表达赞美。如果对方是经由他人间接听到你的称赞,比你直接告诉本人更多了一份惊喜。相反地,如果是批评对方,千万不要透过第三者告诉当事人,避免添油加醋。

(3) 客套话也要说得恰到好处。客套话是表示你的恭敬和感激,所以要适可而止。有人替你做了一点点小事,你只要说"谢谢/对不起,这件事麻烦你了"。至于"才疏学浅,请阁下多多指教"这种缺乏感情的客套话,就可以免了。

(4) 面对别人的称赞,说声"谢谢"就好。被称赞时,一般人多半会谦虚一番,或是以笑容带过。与其这样,不如坦率接受并直接跟对方说"谢谢"。有时候对方称赞你的服饰或某样东西,如果你说:"这只是便宜货!"反而会让对方尴尬。

(5) 有欣赏竞争对手的雅量。当你的竞争对手或讨厌的人被称赞时,不要急着说:"可是……"就算你不认同对方,表面上还是要说:"是啊,他很努力。"显示自己的雅量。

3. 感谢的话

工作中取得了成绩或获得荣誉,想感谢领导和同事时,可以说"真心感谢所有领导和同事,感谢与热爱工作的领导、同事们一起成长、一起拼搏,一起努力!"感谢朋友帮助的话,可以说"感谢你的关怀,感谢你的帮助,感谢你对我做的一切"。

4. 批评的话

(1) 批评也要看关系。忠言逆耳,即便你是好意,对方也未必会领情,甚至误解你的好意。除非你和对方有一定的交情或信任基础,否则不要随意提出批评。

(2) 批评也可以很悦耳。比较容易让人接受的说法是:"关于你的……我有些想法,或许你可以听听看。"

(3) 时间点很重要。批评千万不要发生在星期一早上,大多数人都会有星期一忧郁的症状。另外,也不要在星期五下班前,以免破坏对方周末休假的心情。

(4) 注意场合。不要当着外人的面批评自己的朋友或同事,批评的话私底下关起门来说就好。

(5) 同时提出建议。提出批评之外,还应该提供正面的改进建议,这样才能让你的批评更有说服力。

(6) 避免不该说出口的回答。例如,"不对吧,应该是……"这种话显得你故意在找茬。又例如,"听说……"让人感觉这是你道听途说得来的消息,有失客观公正。

(7) 别回答"果然没错"。这是很糟的说辞。当对方听到这种回答时,心中难免会想:

"你是不是明知故问啊？"所以只要附和说"是的！"

（8）改掉口头禅。有些人说话有口头禅，会容易让人产生反感。例如，"你懂我的意思吗？""你清楚吗？""基本上……""老实说……"等。

5. 拒绝的话

（1）拒绝也可以不失礼。用餐时，若主人向你推荐品尝某样你不想吃的东西，可以说："对不起，我没办法吃这道菜，不过我会多吃一点 ××"，让对方感受到你是真心喜欢并感谢他们准备的食物。如果吃饱了，可以说："这些菜真好吃，要不是吃饱了，真想再多吃一点。"

（2）微笑拒绝回答私人问题。如果被人问到不想回答的私人问题或让你感到不舒服的问题，可以微笑地跟对方说："这个问题我没办法回答。"既不会给对方难堪，又能守住你的底线。

（3）拐弯抹角地回绝。许多社交场合，喝酒总是无法避免。不要直接说："我不喝酒。"这样会扫大家的兴，不如幽默地说："我比较擅长为大家倒酒。"

6. 鼓励的话

人在做某件事情时，不在能知，而在能行。做任何事业都应该有进取心，有拼搏奋斗的精神，有理想有抱负，但并不是所有人都能成功的。例如，在朋友想要放弃某件事情时，你可以对他说："人要实现梦想，不管结果如何，努力过才不会后悔。"又例如，你想要鼓励他，给他打气，让他相信公司，相信产品，相信制度，相信你，也相信自己，可以说："你一定行的，你要相信自己！"

7. 其他

（1）去除不必要的杂音。有些人每一句话最后都习惯加上"啊"等语助词，如"就是说啊""当然啦"等，在比较正式的场合，就会显得不够庄重。

（2）别向对方打听所在公司从事的行业。例如，在某种场合遇到某人，他自我介绍时说自己在某家公司工作，你千万别问："你公司是做什么的？"或许这项活动正是他们公司举办的，你要是不知道就尴尬了；也不要说："听说你们做得很好！"因为可能对方这季度业绩下降了三成，这时你应该说："你在公司担任什么职务？"当然，如果不知道对方的职业就别问，因为有可能他没工作。

（3）别对不熟悉的人问"为什么"。如果彼此交情不够，向对方问为什么，有时会有责问、探人隐私的意味。如"你为什么那样做？""你为什么做这个决定？"等这些问题都要回避。

（4）别以为每个人都认识你。碰到曾经见过面，但认识不深的人时，绝对不要问："你还记得我吗？"万一对方想不起来，就尴尬了。最好的方法还是先自我介绍："您好！我是 ×××，很高兴我们又见面了。"

（5）不要表现出自己比对方厉害。在社交场合交谈时，如果有人说他刚去纽约一星期，你就不要说上次也去了一个月，这样会破坏对方谈话的兴致。还不如顺着对方的话，分享你对纽约的感觉和喜爱。

（6）不要纠正别人的错误。不要过于纠正别人的发音、文法或所述事实的错误，这样不仅会让对方觉得不好意思，同时也显得你很爱表现。

（7）不懂不要装懂。如果你对谈话的主题不了解，就坦白地说："这问题我不清楚。"别人也不会继续为难你。如果不懂还要装懂，更容易说错话。

（8）掌握1秒钟原则。听完别人的谈话时，在回答前，先停顿1秒钟，表示你一直在仔细聆听，若是立即回答，会让人感觉你好像早就想打断对方的谈话。

（9）合理选择时机。当你有事要找同事或主管讨论时，应该根据问题的重要性选择合适的时机。假若属于个人琐事，就不要在他埋头工作或正在思考时打扰。如果不知道对方何时有空，不妨先发条信息给他。

（10）如果忘记对方的名字，先报上自己姓名。就当作是正式场合，先向对方介绍自己的名字或拿出名片。当然，对方也会顺势报上自己的名字并递上名片，免去了叫不出对方姓名的窘境。

（11）不当八卦传声筒。当一群人聊起某人的八卦或传言时，不要随便应声附和，因为只要能说出口的话，必定会传到当事人耳中。最好的方法就是不表明自己的立场，只说："你说的，我不太清楚。"

（12）委婉下达送客令。如果你觉得到了该结束谈话或送客的时间，但对方似乎完全没有要起身离开的意思，可以说："不好意思，我得打个电话，时间可能有点久……"或者"今天真的很感谢你能来……"也可以不经意地看看自己的手表，让对方知道该走了。

（13）让对方觉得他很重要。如果向前辈请求帮忙，可以说："因为我很信任您，所以想找您商量……"让对方感到自己备受尊敬。

（14）直接描述现状。和下属意见不同时，不要直接给予批评，而是直接表达自己的意见，指出自己与对方意见的不同之处。

（15）寻求解决。如果下属绩效不佳，应先询问他解决问题的想法，不要采取威胁的态度。

（16）主动告知对方谁能帮忙。如果一时之间无法解决下属的问题，不要说"这种事先不要来烦我。"而是告诉他："我知道有谁可以帮忙！"

（17）说话语气要平等。切忌说："我有十几年的经验，听我的就对了。"比较好的说法是："这方法我用过，而且很有效，你要不要试试？"

（18）弹性接纳下属意见。即使你心有定见，也不要对下属说："这些建议我都考虑过了，不必多说了。"还是应该给下属机会，对他说："关于这个问题，我已有了想法，不过仍想听听你的意见。"

> 🛈 说明：
> ● 在沟通时，多替对方想想，多想想对方的好处和优点。这样，沟通就会顺利，结果也会是乐观的、令人满意的。

总之，一个人的成功，不仅取决于知识和技能，而且取决于沟通话术，善于沟通的人，往往令人尊敬、受人爱戴、得人拥护。

成果

请将[情景2][情景3]和[情景4]中你认为比较恰当的对话内容填写在图1-7中。

图 1-7 任务 1.3 成果展示图

评价

1. 个人自评

作为小组成员,本人应先进行自我测评。

2. 小组互评

每两个小组结合进行小组互评,考查项目共 5 项,每项 20 分。将评价详细情况填到表 1–3 中。

表 1–3

小组互评表

姓名	语言表达清晰 (20分)	沟通有技巧 (20分)	符合礼仪规范 (20分)	积极参与 (20分)	成果展示 (20分)	得分

3. 综合评价

由教师根据小组成员上台模拟演示情况进行评价,并在下面相应的评价等级后的方框内打"√"。85 分及以上为优;75 分及以上为良;60 分及以上为中;60 分及以下为差。

优 □   良 □   中 □   差 □

任务 1.4 接打电话

目的

电话被现代人公认为最便利的通信工具。在日常工作中,使用电话的语言很关键,它直接影响着一个公司的声誉;在日常生活中,人们通过电话也能粗略判断对方的人品、性格。因此,掌握正确的打电话方法是非常必要的。

情景

[情景 1] 张经理刚从上海开会回来。今天一上班就决定在自己的办公室召开一个小型销售工作会议。其情景如图 1–8 所示。

[情景 2] 张经理在召开小型销售工作会议期间,初薇主要负责接听电话,并做好来电记录。其情景如图 1–9 所示。

图 1-8 张经理安排初薇通知大家开会

图 1-9 初薇负责接听电话

张经理召开小型销售工作会议期间,初薇共接听了四个电话。

第一个电话是深圳一经销商打来的,询问上个月订购的一批产品怎么到现在还没有运到。

第二个电话是张经理的太太打来的,提醒张经理今天是儿子的生日,记得到"甜心饼屋"买蛋糕。

第三个电话是总公司王总经理打来的,有事找张经理,要求初薇帮忙接通电话。

第四个电话是一个客户打来的,投诉公司的产品质量差,还没用到 3 个月就坏了。

 方式

两人一组,分别扮演广州市天地信息科技有限公司张经理和初薇。

 指导

接打电话是办公室日常最普遍的工作。接打电话的礼仪十分重要,正确使用电话能提高工作效率,创造友好气氛。

(1)接电话的礼仪。迅速接听,一般在铃响三次之前就要接听;积极反馈;热情代转;做好记录。

接打电话
技巧

电话记录没有统一的格式,但必须有来电时间、来电人姓名、来电人电话号码、来电事由等项目,可根据实际情况设置项目。具体示例如表1–4所示。

表 1–4

电 话 记 录

记录人: 日期: 年   月   日

序号	来电时间	来电人姓名	来电人电话号码	来电事由
1				
2				
3				
4				
5				
6				
7				

(2) 打电话的礼仪。时间适宜;开头要有礼貌语;通话中音量、语速要适中,要说清内容,突出重点。

(3) 结束通话时要用礼貌语,要轻放话筒,最好让对方先挂。

(4) 自己打错电话要向对方道歉。

 成果

请将训练操作中形成的成果填写或粘贴在表1–5中。

表 1–5

情景对话设计

电话	情景对话
第一个电话	
第二个电话	
第三个电话	
第四个电话	

评价

1. 个人自评

作为小组成员,本人应先进行自我评价。

2. 小组互评

每两个小组结合进行小组互评,考查项目共 5 项,每项 20 分。将评价详细情况填到表 1-6 中。

表 1-6

小组互评表

姓名	语言表达清晰 (20分)	沟通有技巧 (20分)	符合礼仪规范 (20分)	积极参与 (20分)	成果展示 (20分)	得分

3. 综合评价

由教师根据小组成员上台模拟演示情况进行评价,并在下面相应的评价等级后的方框内打"√"。85 分及以上为优;75 分及以上为良;60 分及以上为中;60 分以下为差。

优□　　良□　　中□　　差□

 任务 1.5 | 企业内部沟通

 目的

企业在经营管理和日常事务中,由于人与人之间、部门与部门之间缺乏沟通和交流,常常会遇到一些摩擦、矛盾、冲突、误解。这将影响到企业的气氛、员工的士气、组织的效率,使企业难以凝聚,人为内耗成本增大,甚至导致企业死亡。因此,做好企业内部沟通,对促进企业绩效目标的实现起到事半功倍的效果。

 情景

[情景 1]张经理看了本月的销售记录后批评了业务员方正,方正想不通。初薇认为张经理批评得不够客观。其情景如图 1-10 所示。

[情景 2]业务员方正因销售任务重,工作繁忙,生病住进了医院。张经理要初薇约辆车,一起去看望方正。其情景如图 1-11 所示。

图1-10　张经理批评业务员方正，初薇向经理说明情况

图1-11　张经理和初薇准备到医院看望方正

初薇填写用车申请单（见表1-7）并交给司机班班长。但司机班班长却告诉初薇司机都出车了。其情景如图1-12所示。初薇该怎么办呢？

表1-7

用车申请单

申请部门：　　　　　　　　　　　　　　　　　　　　　　日期：　　年　　月　　日

申请人		用车时间	
用车事由		到达地点	
申请部门经理		司机班班长	
行车里程		司机	
备注			

注：本单一式两联，第一联申请部门留存，第二联司机出车并填写行车里程后，交司机班班长留存。

图 1-12　初薇联系用车

[情景 3] 因张经理临时有事，初薇一人去医院看望方正。其情景如图 1-13 所示。本不想提及方正的病，但他却主动提起。此时，初薇应选择什么话题来回避方正的话题并给他以安慰呢？

[情景 4] 业务员方正和人事部赵经理一上班就同时来到张经理办公室抱怨。其情景如图 1-14 所示。

图 1-13　初薇去医院看望方正

图 1-14　业务员方正和人事部赵经理同时来到张经理办公室

张经理不在，初薇接待了他们。接待他俩时，初薇说些什么能让他俩满意地离去？

 方式

(1)［情景 1］三人一组，分别扮演张经理、业务员方正和初薇。

(2)［情景 2］三人一组，分别扮演张经理、初薇和司机班班长。

（3）[情景3]两人一组,分别扮演初薇和业务员方正。

（4）[情景4]三人一组,分别扮演业务员方正、人事部赵经理和初薇。

 指导

企业内部
沟通技巧

　　沟通对人与人之间的交往非常重要。要真正做到有效的沟通,必须明确与谁沟通,在哪里沟通,什么时候进行沟通,沟通什么内容,怎样进行沟通。

　　在沟通过程中,怎样才能达到目的、产生良好的效果呢? 这需要掌握熟练的沟通技巧。

　　（1）准确而流畅的语言表达。应注意以下几点:使用称呼就高不就低;有备而言;尽量克服讲话时的个人偏好,且思维要连贯,不要偏离主题;注意自己和对方的身份。

　　（2）随时观察对方的反馈信息。即细心观察对方的表情和动作,聆听对方的回答,及时修正自己的讲话内容与方式,因为沟通是双方的。

　　（3）注意选择沟通话题。例如,找出与对方有共同性的话题;选择现实生活中对方感兴趣的话题;选择自己最熟悉、最有发言权的话题;选择能给对方新信息的话题等。

　　（4）运用非语言沟通的方式,如表情、眼神、手势等肢体语言。

成果

　　请将任务训练过程中形成的成果填写或粘贴在表1-8中。

表1-8

初薇应该怎样说

序号	具体内容
情景1	
情景2	
情景3	
情景4	

评价

1. 个人自评

作为小组成员，本人应先进行自我测评。

2. 小组互评

每两个小组结合进行小组互评，考查项目共 5 项，每项 20 分。将评价详细情况填到表 1–9 中。

表 1–9

小组互评表

姓名	语言表达清晰 （20分）	沟通有技巧 （20分）	符合礼仪规范 （20分）	积极参与 （20分）	成果展示 （20分）	得分

3. 综合评价

由教师根据小组成员上台模拟演示情况进行评价，并在下面相应的评价等级后的方框内打"√"。85 分及以上为优；75 分及以上为良；60 分及以上为中；60 分以下为差。

优□   良□   中□   差□

主题 2

办公设备及办公软件的使用

　　办公设备泛指与办公室相关的设备。办公设备的概念有广义和狭义之分。狭义的概念是指多用于办公室处理文件的设备,如人们熟悉的传真机、打印机、复印机、投影仪、碎纸机、扫描仪、台式计算机、笔记本电脑、考勤机、装订机等。广义的概念则泛指所有可以用于办公室工作的设备和器具,如电话、程控交换机、小型服务器、计算器等。这些设备和器具在其他领域也被广泛应用。

　　办公软件是指可以进行文字处理、表格制作、幻灯片制作、图形图像处理、简单数据库处理等方面工作的软件,如微软 Office 系列、金山 WPS 系列等。目前办公软件的应用范围很广,大到社会统计,小到会议记录。数字化的办公离不开办公软件的鼎力协助。目前,办公软件朝着操作简单化、功能细化等方向发展,大而全的 Office 系列和专注于某些功能深化细化的小软件并驾齐驱。另外,政府用的电子政务,税务用的税控系统,企业用的协同办公软件,这些都属于办公软件,不再局限于传统的打打字、做做表格之类的软件。

任务 2.1 安装办公软件

 目的

在日常工作中,以计算机为中心,采用一系列办公软件和先进的通信技术,使企业内部人员方便快捷地共享信息,高效地协同工作;改变过去复杂、低效的手工办公方式,为科学管理和决策提供服务,从而达到提高工作效率的目的。因此,实现办公自动化的第一步,就是安装办公软件。

 情景

作为一名文员,初薇很快便拥有了属于自己的办公桌和计算机。为了便于工作的开展,初薇决定为计算机安装 Office 2013 办公软件。其情景如图 2-1 所示。

图 2-1 初薇正在为计算机安装 Office 办公软件

 方式

个人独立完成。

建议:
需要提前准备好 Office 安装盘。

指导

（1）将 Office 2013 安装光盘放入光驱内。打开 Office 2013 安装文件夹，单击"setup. exe"图标，系统打开安装初始对话框，如图 2-2 所示。

安装 Office

图 2-2　安装初始对话框

（2）安装文件加载完毕后系统打开选择产品对话框，如图 2-3 所示。单击"Microsoft Office Professional Plus 2013"单选按钮。

图 2-3　选择产品对话框

（3）单击"继续"按钮，系统打开"选择所需的安装"对话框，如图2-4所示。

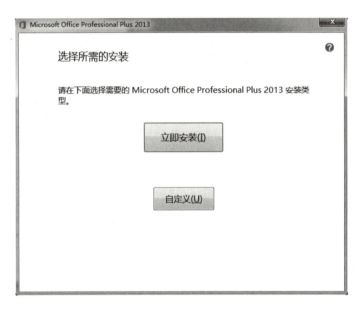

图2-4 "选择所需的安装"对话框

（4）单击"自定义"按钮，系统打开"安装选项"对话框，如图2-5所示。

图2-5 "安装选项"对话框

（5）拖动"Microsoft Office"项目左边的下拉菜单，选择"从本机运行全部程序"菜单，再单击"立即安装"按钮，开始安装 Office 2013。

（6）进入"安装进度"对话框，如图 2-6 所示。

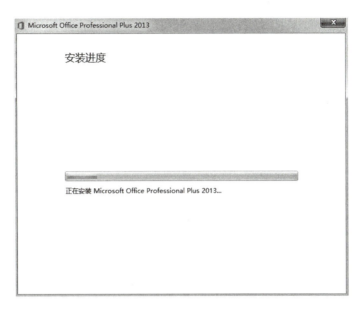

图 2-6　"安装进度"对话框

（7）安装进度完成后，系统打开安装完成对话框，如图 2-7 所示。单击"关闭"按钮，完成安装。

图 2-7　安装完成对话框

成果

请将办公软件安装步骤填写在表 2-1 中。

表 2-1

安装步骤记录表

步骤	描述（请对安装时的实际步骤进行记录）

 评价

采用个人自我评价方式进行评价，并在相应的评价等级前的方框内打"√"。评价采用 5 分制。其中，独自安装成功得 5 分；两人互助安装成功得 4 分；在同学指导下安装成功得 3 分；在教师指导下安装成功得 2 分；安装失败得 1 分。教师进行点评，学生自行记录。

□5分   □4分   □3分   □2分   □1分

［教师点评］

 任务 2.2 ｜ 熟悉办公设备

目的

随着技术进步，以及由于办公室工作细化而对办公产品不断提出新的要求，各类新型办公设备层出不穷，更新换代速度也越来越快。因此，本任务的目的是：熟悉常用办公设备的功能及工作要领。

情景

为了能让初薇更好地适应工作环境和熟悉工作程序,张经理安排初薇到文印室熟悉一下常用的办公设备。其情景如图 2-8 所示。

①初薇,你去文印室熟悉一下办公设备。

②好的,经理。我这就去。

图 2-8　张经理安排初薇熟悉办公设备

方式

个人独立完成。

> 建议:
> 在办公自动化实训室里完成。需要提前准备好针式打印机、喷墨打印机、激光打印机、传真机、数码复印机、扫描仪、碎纸机等。

指导

1. 办公设备的种类

办公设备根据使用对象的不同可分为普通办公设备和专业办公设备。例如,几乎在所有办公室都能见到的传真机、打印机、复印机等就是普通办公设备。而邮局、银行、金融、财政、铁路、航空、建筑工程等行业使用的有特殊构造和要求的设备称为专业办公设备,如各种非标准尺寸(纸张幅面)的票据打印机、POS 机(可传输信息和打印票据)、货币清分机、票据打印机等。

而根据功能和用途的不同,办公设备又可分为文件输入及处理设备、文件输出设备、文件传输设备、文件储存设备、文件整理设备和网络设备。每一类设备又都包括多种产品,下面列举其中的主要设备或常用设备。

(1) 文件输入及处理设备。包括计算机、文件处理机、打印机、扫描仪等。

(2) 文件输出设备。可分为文件复制设备和文件打印设备。文件复制设备包括制版印刷一体化速印机和油印机、小胶印机、重氮复印机(晒图机)、静电复印机、数字式多功能一体机、数字印刷机、轻印刷机、喷墨复印机等。文件打印设备包括激光打印机、喷墨打印机、针式打印机、绘图机等。

(3) 文件传输设备。包括传真机、计算机、电传机等。

(4) 文件储存设备。包括缩微设备、硬盘等。

(5) 文件整理设备。包括分页机、裁切机、装订机、打孔机、折页机、封装机等。

(6) 网络设备。包括网络适配器、路由器、交换机、调制解调器等。

2. 打印机

打印机是把已经编辑修改好的文字、图片、图表、照片等打印到纸上,它用来实现电子文件向纸质文件转换,是计算机的一种输出设备。

针式打印机
的使用

(1) 针式打印机。针式打印机是利用机械和电路驱动原理,使打印针撞击色带和打印介质,进而打印出点阵,再由点阵组成字符或图形来完成打印任务的。从结构和原理上看,针式打印机由打印机械装置和控制驱动电路两大部分组成。在打印过程中,共有三种机械运动:打印头横向运动、打印纸纵向运动和打印针的击针运动。这些运动都由软件控制驱动系统通过一些精密机械来执行。针式打印机基本结构如图 2-9 所示。

(2) 喷墨打印机。喷墨打印机是通过将墨滴喷射到打印介质上来形成文字或图像的。早期的喷墨打印机以及大幅面的喷墨打印机都是采用连续式喷墨技术,而目前市场上流行的喷墨打印机都普遍采用随机喷墨技术。喷墨打印机基本结构如图 2-10 所示。

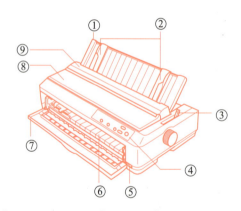

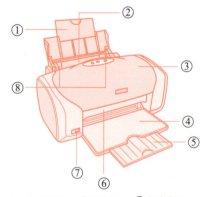

① 打印纸导纸器　② 导轨　③ 过纸控制杆
④ 控制面板　⑤ 电源转换开关　⑥ 前部导纸器
⑦ 前盖　⑧ 打印机盖　⑨ 打印纸导纸器盖

① 托纸架　② 送纸器　③ 打印机盖
④ 出纸器　⑤ 延伸出纸器　⑥ CD/DVD导轨
⑦ USB连接器　⑧ 导轨

图 2-9　针式打印机基本结构　　　　图 2-10　喷墨打印机基本结构

激光打印机
的使用

(3) 激光打印机。激光打印机由激光器、声光调制器、高频驱动、扫描器、同步器及光偏转器等组成。其作用是先把接口电路送来的二进制点阵信息调制在激光束上,然后扫描到感光体上。感光体与照相机组成电子照相转印系统,把射到感光鼓上的图文映像转印到打印纸上,其原理与复印机相同。激光打印机是将激光扫描技术和电子显像技术相结合的非击打输出设备,其工作原理基本都要经过充电、曝光、显影、转印、消电、清洁和定影 7 道工序。激光打印机基本结构如图 2-11 所示。

3. 传真机

传真机是把记录在纸上的文字、图表、图片、照片等静止的图像变成电信号,经传输线路传递到远处,让接收方获得与发送原稿相似的记录图像。它是用来实现传真通信的终端设备,是完成传真通信的工具。传真机基本结构及接线图示如图 2-12 所示。

① 出纸盖　② 出纸器　③ 控制面板
④ 前盖　　⑤ 通用送纸盒　⑥ 电源开关

图 2-11　激光打印机基本结构

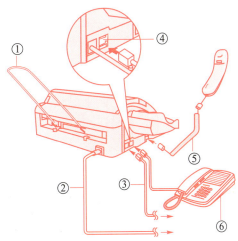

① 记录纸支架　② 电源线　③ 电话线
④ [EXT]插孔　⑤ 话筒线　⑥ 电话分机(附加)

图 2-12　传真机基本结构及接线图示

4. 复印机

复印机是利用光学模拟成像直接在感光鼓上产生潜像,也就是说,曝光时投影在感光鼓上的影像是一个通过光学系统对原稿扫描所产生的光学模拟图像,因此复印机也叫作模拟式复印机。

复印机的
使用

数码复印机也叫作数字式复印机,是 20 世纪 80 年代发展起来的新一代复印机,它应用了数字化图像处理技术,使复印机具有很多新的特殊功能。数码复印机是通过激光扫描成像的,既是一台独立的复印设备,又可以作为输入／输出设备与计算机及其他办公设备联机使用,或成为网络终端。数码复印机的出现是对传统复印概念的突破,推动了复印技术的发展。数码复印机基本结构如图 2-13 所示。

5. 扫描仪

扫描仪是一种捕获图像并将其转换为计算机可以显示、编辑、储存和输出数字化信息的输入设备。扫描仪是除键盘和鼠标以外被广泛应用于计算机的输入设备,既可以利用扫描仪输入照片并建立自己的影集、输入图片并建立自己的网站、扫描手写信函再用 E-mail 发送出去以代替传真机,还可以利用扫描仪配合 OCR(光学字符识别)软件输入报纸或书籍的内容,免除键盘输入字符的辛苦。扫描仪基本结构如图 2-14 所示。

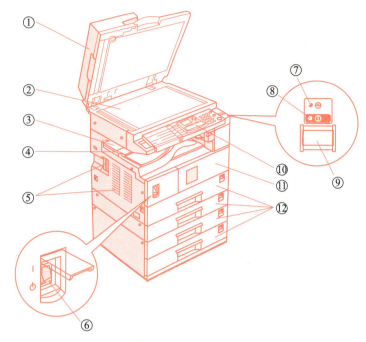

① 曝光玻璃盖　② 曝光玻璃　③ 内纸盘2(单格纸盘)
④ 内纸盘　⑤ 通风孔　⑥ 主电源开关　⑦ 主电源指示灯
⑧ "打开"指示灯　⑨ 操作开关　⑩ 控制面板
⑪ 前门盖　⑫ 纸盘

图 2-13　数码复印机基本结构

① 扫描仪文稿盖　　② 文稿垫　　③ 文稿台　　④ 扫描头　　⑤ USB接口　　⑥ 直流电入口

图 2-14　扫描仪基本结构图

6. 碎纸机

碎纸机又称文件粉碎机,是一种用来销毁文件与资料的辅助办公设备。它与以往使用的人工烧毁、指定专门部门回收等方法相比,具有方便、快捷、无污染、环节少、更具保险性等特点。

碎纸机一般由切纸部件和箱体两大部分组成。切纸部件包括旋转电动机和锋利的刀具,电动机带动刀具快速转动,可将文件快速粉碎成条状或粒状,甚至更小。箱体包括进纸口和盛纸箱,一些碎纸机箱底下部还装有脚轮,以方便使用。由于碎纸机是一种技术含量不太高的产品,因此在选择的时候多数人更多地考虑它的外观、碎纸质量和碎纸效果。碎纸机的样式如图 2-15 所示。

图 2-15　碎纸机

 成果

根据自己对常用办公设备的认识,完成以下选择题,在所选择的选项前面方框处打"√"。

(1) 传真原稿应该怎样放置在传真机上?
□正面朝上　　　　　□正面朝下　　　　　□正面朝上朝下都行

(2) 喷墨打印机拥有多少色的墨盒?
□ 3 色　　　□ 4 色　　　□ 5 色　　　□ 6 色　　　□ 7 色

(3) 打印机可以通过哪几种接口与计算机连接?
□ PCI 接口　　　□ USB 接口　　　□并口　　　□串口

(4) 针式打印机共有多少针?
□ 12 针　　　□ 18 针　　　□ 24 针　　　□ 32 针

(5) 数码复印机可进行哪几种双面复印?
□单面原稿,双面副本　　□双面原稿,双面副本　　□双面原稿,单面副本

(6) 数码复印机可进行哪几种纸张尺寸的复印工作?
□ 16 开　　　□ 32 开　　　□ A3　　　□ A4　　　□ B5

(7) 数码复印机有多少个位置可以放置原稿?
□ 1 个　　　□ 2 个　　　□ 3 个　　　□ 4 个

(8) 扫描仪如何供电?
□使用直流电源　　　□使用交流电源　　　□直流电源和交流电源皆可

(9) 碎纸机的碎纸效果有哪几种?
□粒状　　　□直条状　　　□段状　　　□波浪状

(10) 哪几种办公设备可以与计算机连接?
□打印机　　　□复印机　　　□扫描仪　　　□传真机　　　□碎纸机

 评价

个人独立完成以上练习后进行自我评价。每题 1 分,多选少选均不得分,将得分写

在横线处。

得分：_____。

任务 2.3　使用办公设备

　目的

为了提高办公设备的使用效率，保持其设备性能，有效节约费用开支，每一位员工在不断提高计算机应用水平的基础上，正确使用各种办公设备，并做好办公设备的日常维护与保养工作。

　情景

初薇已经初步掌握常用办公设备的使用方法。张经理让初薇去处理一份文件，并将处理要求大致介绍了一番。其情景如图 2-16 所示。

图 2-16　张经理布置初薇处理文件

张经理布置任务如下：

（1）接收外单位发来的一份传真（2 张 A4 纸），形成材料 1。

（2）将材料 1 进行复印，要求双面复印到一张 A4 纸上，一式五份。

（3）将其中一份复印件交给张经理签字，形成材料 2。

（4）将材料 2 扫描到计算机，形成材料 3 作为电子档案归档，并将材料 2 作为纸质档案归档。

（5）使用打印机将材料 3 打印至 A4 纸上，要求单面打印，形成材料 4。

（6）拨打之前接收传真的电话号码，告知对方文件已签阅，并传真发送材料 4。

（7）利用碎纸机销毁材料 4。

个人独立完成。

> **建议：**
> 在办公自动化实训室里完成。需要提前准备好传真机、数码复印机、扫描仪、喷墨打印机、碎纸机等。

1. 办公设备的时代特点

随着技术进步和办公室工作细化而对产品不断提出新的要求，各类新型办公设备产品层出不穷，更新换代速度也越来越快。但是，大多数办公设备属于以机电为基础的耐用设备，所以在各类办公室中多种类型、多代设备同时服务于办公的现象比较常见。

办公设备的时代特点主要体现为以下四个方面：

（1）彩色化。越来越多的办公文件是以图文混排的方式进行排版的。由于人们的视觉越来越挑剔，黑白的文件已无法满足办公需要。因此，彩色喷墨打印机、彩色激光打印机、彩色热升华打印机、彩色数码复印机在未来必然会成为办公文印市场的主角。

（2）多功能。如果一台办公设备只具有某一种功能，那么只有一种情况，就是使用者对这个功能的需求相当大，对其他的功能可以忽略。而当下，一台机器都具有多种功能，同时兼顾打印、复印、传真、电邮、扫描的机器也越来越受顾客的喜爱。

（3）高速化。人们将会越来越珍惜时间，如果有大批量的印务，那么肯定会购买高速机器。并且要求每张复印或打印的速度在 5 秒之内。

（4）网络化。人们越来越相信网络，越来越依赖网络，如果一台办公设备不可以进行网络传输，那么它的命运只能是被淘汰。

2. 办公设备的养护

办公设备提倡主动维修，机器的停机时间限定为最短，从而获得最佳使用效率和价值。复印机、打印机、传真机、证卡机等设备是集光学技术、机械技术、电子技术为一体的精密办公设备，通过使用颗粒小的静电墨粉，利用静电原理，在感光材料上形成静电潜像，使微小的墨粉附着在感光材料上，再将其转印到纸上从而得到所需要的副本，这个工序是利用静电的特性进行的。因此，在机器内部的传动部件、光学部件以及高压部件上容易附着纸屑、漂浮的墨粉等。一般地，它们的存在只会影响复印的质量，但若放任不管，就会增加机器的驱动负荷，妨碍热量的排除，有可能会发生机器故障。定期进行维护保养，可以清除机器内部的污垢，在必要的部件上加注润滑油，清洁光学部件，改善复印品质量，将可能发生的故障消灭在萌芽状态，减少停机时间。然而，办公设备具有专业性和技术性，对维修技术要求很高，84% 以上的办公设备损坏是由于操作和使用不当造成的。因此，一个企业要对办公行政人员做专门的办公设备维修和维护培训，或

传真机的
使用

者采用办公设备外包的方式来解决。

3. 使用传真机

（1）连接传真机。按照图 2-12 所示的方式连接传真机。

（2）安装记录纸。其安装程序如图 2-17~ 图 2-22 所示。其具体步骤是：按下顶盖

图 2-17　打开顶盖

图 2-18　安装记录纸

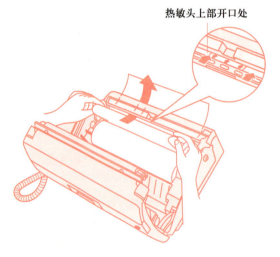

图 2-19　纸张插入热敏头上部开口处

图 2-20　拉出记录纸

图 2-21　关闭顶盖

图 2-22　剪切纸张

开盖钮,打开顶盖,安装记录纸,将纸张前端插入热敏头上部的开口处,将纸张拉出,关闭传真机顶盖,按"传真/开始"键剪切纸张。

(3) 接收传真。电话铃响后拿起话筒,按"传真/开始"键发出接收信号,然后放下话筒,待传真接收完毕。

(4) 发送传真。其操作程序如图 2-23 和图 2-24 所示。其具体步骤是:打开送稿盘,调整文稿引导板,然后正面朝下插入文稿,拨打传真号码,然后按"传真/开始"键。

图 2-23 打开送稿盘　　　　　　　图 2-24 插入文稿

4. 使用复印机

装入纸张。其操作程序如图 2-25 和图 2-26 所示。其具体步骤是:打开手动进纸盘,将纸张导向板调整到纸张尺寸,将纸张正面朝下轻轻插入手动进纸盘。按要求进行复印操作。

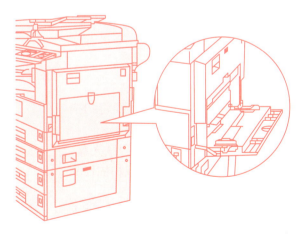

图 2-25 打开手动进纸盘

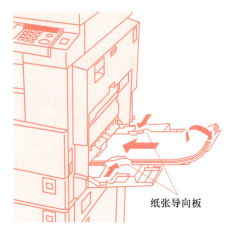

纸张导向板

图 2-26　放入纸张

5. 使用扫描仪

（1）将原始文稿放置在扫描仪上。其操作程序如图 2-27~图 2-29 所示。其具体步骤是：打开扫描仪文稿盖，将原始文稿或照片正面朝下放置在扫描仪文稿台上，确保将文稿或照片的左上角靠近文稿台的右下角放置且与箭头标记对齐。轻轻地合上文稿盖，以免移动原稿。

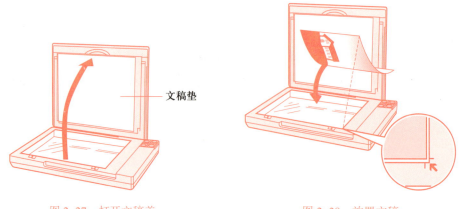

文稿垫

图 2-27　打开文稿盖　　　　　　　　图 2-28　放置文稿

（2）连接计算机。用随机配备的 USB 连接线将扫描仪连接至计算机。

（3）安装驱动程序。取出随机配备的驱动程序光盘，放入计算机的光驱中，按照屏幕显示的步骤完成扫描仪驱动程序及扫描软件的安装。

（4）扫描原稿。通过按下扫描仪上的 ⚡ 启动按键来启动扫描软件，扫描软件窗口自动打开。☒ 邮件按键可让您扫描并将图像文件附加至邮件。 📄 PDF 按键可让您扫描多页文稿并将其以 PDF 文件存储在计算机中。🖨复

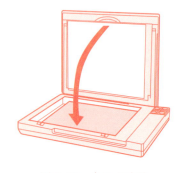

图 2-29　合上文稿盖

印按键可让您将连接到计算机的扫描仪作为复印机一样使用。扫描仪的功能按钮如图 2-30 所示。

6. 使用打印机

（1）安装墨盒。其安装程序如图 2-31~ 图 2-35 所示。其具体步骤是：从包装中取出新墨盒，打开墨盒盖，将墨盒垂直地放入墨盒舱中。然后，向下推动墨盒，直到它锁定到位。当完成更换墨盒时，关闭墨盒盖和打印机盖。按下墨水按钮，打印机移动打印头，并开始给墨水传输系统充墨，完成此过程约需一分钟。当充墨过程完成时，打印机将打印头返回到初始位置，电源指示灯停止闪烁并保持长亮，墨水指示灯熄灭。

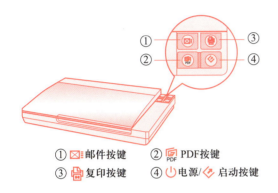

① 邮件按键　② PDF按键
③ 复印按键　④ 电源/启动按键

图 2-30　扫描仪的功能按钮

图 2-31　取出墨盒

图 2-32　打开墨盒盖

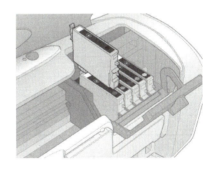

图 2-33　放入墨盒

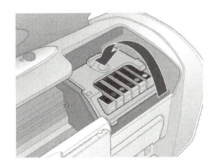

图 2-34　关闭墨盒盖

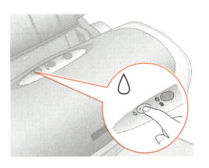

图 2-35　按墨水按钮

（2）连接计算机。用随机配备的 USB 连接线将打印机连接至计算机。

（3）安装驱动程序。取出随机配备的驱动程序光盘，放入计算机的光驱中，按照屏幕显示的步骤完成打印机驱动程序的安装。

（4）安装打印纸，如图 2-36 所示。打开托纸架，然后向外扩展。打开出纸器并将其延伸部分滑出。滑动左导轨使两个导轨间距略微大于打印纸的宽度。轻拨纸叠边缘使各页分开，然后在一个平整的面上轻蹾纸叠使边缘齐整。使打印纸可打印面朝上，紧靠右导轨，然后将其插入送纸器。然后滑动左导轨使其靠着打印纸的左边缘。

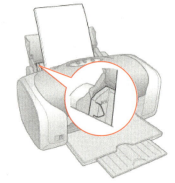

图 2-36　安装打印纸

（5）打印。按要求进行打印操作。

7. 使用碎纸机

将电源线插入交流电源，将需要摧毁的文件放入进纸口进行碎纸操作。

 成果

（1）请在表 2-2 中，写出对应的办公设备训练的操作步骤。

表 2-2

办公设备训练记录表

训练项目	操作步骤
接收传真	
复印文件	
扫描图片	
打印稿件	
发送传真	
碎纸	

（2）用手机扫一扫表 2-3 中的二维码图片，观看视频后写出投影仪的操作步骤。有条件的学校可以安排学生进行亲身体验。

表 2-3

投影仪操作步骤记录表

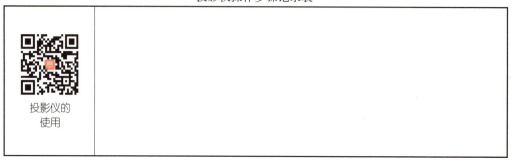

投影仪的
使用

评价

学生根据在各办公设备实际操作中的表现进行自我评价,并在下面相应的分数前的方框内打"√"。然后,教师再进行点评,学生自行记录。

☐ 按要求完成所有操作,资料整理妥当,并完成实训场地清洁卫生(5 分)。

☐ 按要求完成所有操作,资料整理妥当,但未对实训场地实行清洁工作(4 分)。

☐ 按要求完成所有操作,但未整理资料,未进行清洁工作(3 分)。

☐ 对每项内容进行了操作,但未能完整完成任务(2 分)。

☐ 未能对每项内容进行操作(1 分)。

［教师点评］

任务 2.4　制作宣传海报

目的

当下,信息录入已成为现代人适应信息化社会需求的一种基本技能。因此,每一位员工必须熟练使用计算机进行录入与排版操作,不断提高自身技能以适应社会的需求。

情景

为了拓展业务的需要,张经理让初薇以公司的简介为主要内容,结合资料图片,制作一份图文并茂的宣传海报。其情景如图 2-37 所示。

图 2-37　张经理布置初薇制作宣传海报

方式

个人独立完成。

> 建议：
> 需要提前准备好 Office 办公软件及彩色喷墨打印机。

指导

办公自动化是近年随着计算机科学发展而提出来的新概念。办公自动化英文原称为 Office Automation，缩写为 OA。办公室自动化一般是指实现办公室内事务性业务的自动化，而办公自动化则包括更广泛的意义，即包括网络化的大规模信息处理系统。办公自动化没有统一的定义，凡是在传统的办公室中采用各种新技术、新机器、新设备从事办公业务，都属于办公自动化的领域。

通常办公室的业务，主要是进行大量文件的处理。例如，起草文件、通知、各种业务文本，接受外来文件存档，查询本部门文件和外来文件，产生文件复件等。所以，采用计算机文字处理技术生成各种文档、存储各种文档，采用其他先进设备（如复印机、传真机等）复制、传递文档，或者采用计算机网络技术传递文档，是办公自动化的基本特征。

随着 3G、4G 移动网络的部署，办公自动化已经进入了移动时代。移动办公自动化系统就是一种集 3G、4G 移动技术，智能移动终端，虚拟专用网络（VPN），身份认证，地理信息系统（GIS），WebService，商业智能等技术于一体的移动办公自动化产品。它将原有办公自动化系统上的公文、通信录、日程、文件管理、通知公告等功能迁移到手机或其他移动终端上，工作人员可以随时随地进行掌上办公，它成为管理者、市场人员等贴心的移动办公系统。

办公室是各行业领导机关做出决策、发布指示的场所。所以，除文档上的往来外，办公室更深层的工作，实际上就是信息的收集、存储、检索、处理、分析，从而做出决策，并将决策作为信息传向下级机构、合作单位或业务关联单位。这些都需要办公自动化的辅助。

人是系统第一因素，即办公室主要因素是工作人员，其中包括各种人员。除传统办公室的人员外，现在又需要加上部分管理设备的专业技术人员，如计算机工程师及其他设备维护人员等。

技术设备是另一因素。设备中有各种机器，如计算机、复印机、速印机、电话机、传真机、网络设备、光盘机等，这些设备统称为硬设备，或称硬件。而各种信息设备中还需要有管理设备的软件，如计算机的操作系统、网络操作系统、文字处理软件、专项工作程序软件等。

显然在办公自动化这一人机系统中，人和机缺一不可。而在设备方面，硬件及必要软件都需齐备。办公自动化是处理信息的系统，是进入信息时代后的一种新概念。

（1）新建一个 Word 文档，命名为"宣传海报.doc"，在文档中录入公司简介内容。其中，公司简介如下：

广州市天地信息科技有限公司成立于 2008 年 3 月，坐落在广州市天河区，是一家集技术开发、生产、销售、服务与产品设计于一体的民营企业。

十余年来，公司本着"学习、借鉴、提高、创新"的原则，在省市各级领导、部门、科研机构的关心、支持、帮助下，得到了广大新老客户的支持与厚爱。凭借旺盛的人气优势，丰富的产品设计经验，严格的品质监控手段，精湛的制造工艺，公司消化吸收了国内先进的技术，集众家之长，不断开发生产适应消费者及市场需求的产品。

公司拥有一支技术精湛、作风正派、服务优质的员工队伍。售后服务有口皆碑，产品畅销国内市场。

（2）利用 Word 的排版功能，制作一份图文并茂的 A3 幅面宣传海报。

① 使用"格式"菜单中各种选项设置公司简介的文本格式，包括字体格式、段落格式、项目符号和编号格式、边框和底纹格式、分栏格式和首字下沉格式。

② 使用"插入"菜单中各种选项为宣传海报添加各类元素，包括剪贴画、自选图形、艺术字、图表和文本框。

③ 使用"格式"菜单中的"背景"选项设置宣传海报的背景，要求从"填充效果"和"水印"两种背景效果中任选一种进行设置。

④ 将文字和各种修饰元素进行合理排版，并保存文档。

⑤ 将文档缩小打印到 A4 纸上。

计算机录入
与排版

 成果

请将 A4 幅面宣传海报拍照后的打印件粘贴在表 2-4 中。

表 2-4

宣传海报粘贴处

评价

　　学生根据本任务的完成情况进行自我评价,并将分值填到表 2-5 中。教师进行点评,学生自行记录。

表 2-5

评　价　表

评价项目	分值	自我评价	教师点评
海报构思、文案、配色等设计合理	2		
海报整体美观大方,易于理解	2		
计算机操作熟练	1		
总点评			

信息的收集与整理

信息收集是指根据特定的目标和要求,将分散蕴含在不同时空域的有关信息,通过特定的手段和措施,采掘和汇聚起来的过程。

这里所说的信息收集,是指一切信息工作中的信息收集。不仅是指信息服务部门(过去称作情报服务部门)为用户的需求所进行的信息收集,而且还包括企业和组织的管理者们为了实现决策、管理和控制等目标所进行的信息收集。

信息整理就是对信息进行加工处理。其常见方式有归类;去伪存真;误差处理;抓住重点,突出主要因素等。而常用方法有分类法、比较法、核对法、佐证法、逻辑法、文献法、评估法、调查法、分析法等。

任务 3.1　确定收集信息的渠道

　目的

根据项目要求,迅速确定收集信息的渠道。

　情景

广州市天地信息科技有限公司准备代理一批新手机销售业务,张经理布置初薇进行一次市场调查,以便掌握市场对手机外观样式及各种功能参数的需求。其情景如图 3-1 所示。

图 3-1　张经理布置初薇进行市场调查

　方式

个人独立完成。

　指导

信息的收集

1. 信息收集的方式

(1) 社会调查是获得真实可靠信息的重要手段。社会调查是指运用观察、询问等方法直接从社会中了解情况、收集资料和数据的活动。利用社会调查收集到的信息是第一手资料,因而比较接近社会,接近生活,容易做到真实、可靠。

(2) 建立情报网。管理活动要求信息准确、全面、及时。为了达到这样的要求靠单一渠道收集信息是远远不够的。特别是行政管理和政府决策更是如此。因此,必须靠多种途径收集信息,即建立信息收集的情报网。严格来讲,情报网络是指负责信息收集、筛选、加工、传递和反馈的整个工作体系,而不仅仅指收集本身。

(3) 战略性情报的开发。战略性情报是专为高层决策者开发,仅供高层决策者使用的比一般行政信息更具战略性的信息。

(4) 从文献中获取信息。文献是前人留下的宝贵财富,是知识的集合体,在数量庞大、高度分散的文献中找到所需要的有价值的信息是情报检索所研究的内容。

2. 信息收集的主要渠道

(1) 日常工作渠道。通过每天收到的公文、信函、简报、报表、电话、电报、传真、电子邮件,以及参加会议、接待来访、查阅档案等收集信息。

(2) 互联网络渠道。通过百度、谷歌、雅虎等搜索网站直接搜索客户企业名称、所在行业,或者输入关键词进行模糊搜索。这些搜索网站可以链接到其他商务网站,内容丰富,信息量大。

(3) 大众媒体渠道。如通过广播、电视、报纸、杂志、图书、网站等媒介获取信息。

(4) 调查研究渠道。即通过调查研究搜集信息。通过对潜在客户所在行业的分析,总结出收集信息的准确途径,提高工作效率,少走弯路。

(5) 非正式渠道。如利用个人交往、参加集会、参加集体活动的机会收集信息。

3. 信息收集的步骤

(1) 制订收集计划。只有制订出周密、切实可行的信息收集计划,才能指导整个信息收集工作正常地开展。

(2) 设计收集提纲和表格。为了便于以后的加工、贮存和传递,在进行信息收集以前,就要按照信息收集的目的和要求设计出合理的收集提纲和表格。

(3) 明确收集的方式和方法。

(4) 提供收集的成果。要以调查报告、资料摘编、数据图表等形式把获得的信息整理出来,并要将这些信息资料与收集计划进行对比分析,如不符合要求,还要进行补充收集。

 成果

请在以下选项中勾选所选择的信息渠道(多选)。

☐电话 ☐公文与文件 ☐互联网
☐广播与电视 ☐报纸与杂志 ☐调查研究
☐其他渠道

若勾选"其他渠道",请在下面列出信息渠道:＿＿＿＿＿＿＿＿＿＿＿＿＿＿＿

＿＿＿＿＿＿＿＿＿＿＿＿＿＿＿＿＿＿＿＿＿＿＿＿＿＿＿＿＿＿＿＿＿＿＿

＿＿＿＿＿＿＿＿＿＿＿＿＿＿＿＿＿＿＿＿＿＿＿＿＿＿＿＿＿＿＿＿＿＿＿

＿＿＿＿＿＿＿＿＿＿＿＿＿＿＿＿＿＿＿＿＿＿＿＿＿＿＿＿＿＿＿＿＿＿＿

＿＿＿＿＿＿＿＿＿＿＿＿＿＿＿＿＿＿＿＿＿＿＿＿＿＿＿＿＿＿＿＿＿＿＿

简要说明选择某些信息渠道的理由：＿＿＿＿＿＿＿＿＿＿＿＿＿＿＿＿＿＿＿＿＿

＿＿＿＿＿＿＿＿＿＿＿＿＿＿＿＿＿＿＿＿＿＿＿＿＿＿＿＿＿＿＿＿＿＿＿＿＿＿＿

＿＿＿＿＿＿＿＿＿＿＿＿＿＿＿＿＿＿＿＿＿＿＿＿＿＿＿＿＿＿＿＿＿＿＿＿＿＿＿

＿＿＿＿＿＿＿＿＿＿＿＿＿＿＿＿＿＿＿＿＿＿＿＿＿＿＿＿＿＿＿＿＿＿＿＿＿＿＿

＿＿＿＿＿＿＿＿＿＿＿＿＿＿＿＿＿＿＿＿＿＿＿＿＿＿＿＿＿＿＿＿＿＿＿＿＿＿＿

 评价

学生根据所选择的信息渠道的实际情况，并按下列标准进行自我评价。在相应评价等级前的方框内打"√"。然后，教师再进行点评，学生自行记录。

□对所选择的每个渠道，其理由充分、完整，阐述合理（5分）。

□对所选择的每个渠道，其理由阐述基本合埋（4分）。

□已选择渠道，但未能对每个渠道进行合理、完整、具说服力的理由阐述（3分）。

□已选择渠道，但理由阐述不合理、不完整、不具说服力（2分）。

□只选择渠道，但没有对理由进行阐述（1分）。

［教师点评］

任务 3.2 查询网络信息

 目的

网络打破了传递的时空界限，人们可以在任何时间、任何地点获取信息资源，甚至可以同时共用同一份信息资源。因此，本任务的目的是：根据项目要求，准确查询网络信息。

> 用什么搜索引擎好呢？百度还是搜狐？

情景

续任务 3.1。初薇按照张经理的要求进行市场调查，现在她正使用网络作为渠道，对市场动态和客户需求进行查询。其情景如图 3-2 所示。

图 3-2 初薇利用网络进行市场调查

方式

个人独立完成。

指导

网络信息收集是指将非结构化的信息从大量的网页中抽取出来保存到结构化的数据库中的过程。

利用网络搜索引擎查询信息,有以下几种搜索引擎。

1. 全文搜索引擎

全文搜索引擎是名副其实的搜索引擎,国外具代表性的有 Google(www.google.com),国内著名的有百度(www.baidu.com)。它们都是通过在从互联网上提取的各个网站的信息(以网页文字为主)而建立的数据库中,检索与用户查询条件匹配的相关记录,然后按一定的排列顺序将结果返回给用户,因此它们是真正的搜索引擎。

2. 目录索引

目录索引虽然有搜索功能,但在严格意义上算不上是真正的搜索引擎,仅仅是按目录分类的网站链接列表而已。用户完全可以不用进行关键词查询,仅靠分类目录也可找到需要的信息。目录索引中最具代表性的莫过于大名鼎鼎的雅虎(www.yahoo.com)。国内的搜狐(www.sohu.com)、新浪(www.sina.com.cn)、网易(www.163.com)也都属于这一类。

3. 元搜索引擎

元搜索引擎在接受用户查询请求时,同时在其他多个引擎上进行搜索,并将结果返回给用户。著名的元搜索引擎有 InfoSpace、Dogpile、Vivisimo 等,中文元搜索引擎中具代表性的有搜星搜索引擎。在搜索结果排列方面,有的直接按来源引擎排列搜索结果,如 Dogpile,有的则按自定的规则将结果重新排列组合,如 Vivisimo。

网络商务
信息检索

成果

请列出所使用的搜索引擎:

请列出所使用的关键字:

请至少列出 5 个所搜索到的具有实用价值的网页地址：

 评价

学生根据全文搜索、目录索引和元搜索三种引擎的运用情况进行自我评价，并在熟练程度级别的方框内打"√"。教师进行点评，学生自行记录。

□精通　　□熟练　　□熟悉　　□了解　　□不会

［教师点评］

 任务 3.3 鉴别与筛选信息

 目的

迅速鉴别与筛选信息。

 情景

续任务 3.2。初薇在进行市场调查的过程中，收集了大量的各种各样的信息，但哪些信息才能符合市场调查要求呢？初薇正在筛选信息……其情景如图 3-3 所示。

图 3-3 初薇正在筛选信息

方式

个人独立完成。

 指导

信息鉴别是指信息接收者从一定的目的出发,运用已有的知识和经验,对信息的真伪性、有用性进行辨认与甄别。

信息鉴别与筛选的常用原则如下:

(1) 权威性原则。即信息来源具有权威性,如权威学者、权威学术期刊、政府官方网站等。

(2) 多重信道可重复性原则。即多个信息通道传输着相同的信息,就具有多重可信度。

(3) 时效性原则。即信息发布的时间效度,最近发布的信息比以前所发布的信息具有更高的可信度。

(4) 逻辑性原则。即从已知事实出发,利用比较与分类、分析与综合、抽象与概括、归纳与演绎等逻辑方法,筛选出合理的信息。

(5) 实证性原则。即筛选出来的信息具有已证实的确凿的证据作为理论支持。

(6) 代表性原则。即筛选出来的信息能代表其他大部分信息的共性与特点。

在实际工作中,可以根据以上全部原则或者其中几项原则对信息进行合理筛选。

 成果

请在表 3–1 中至少列出 5 个所筛选出的信息,并说明筛选原则与理由。

表 3–1

筛选信息记录表

序号	信息描述	原则	理由
信息 1			
信息 2			
信息 3			
信息 4			
信息 5			

评价

学生根据筛选出的信息进行自我评价。原则选择全部正确,理由非常充分,得5分;原则选择有4个正确,理由也比较充分,得4分;原则选择有3个正确,理由充分,得3分;原则选择有2个正确,理由表达不够充分,得2分;原则选择只有1个正确,理由表达不清,得1分;原则选择全部错误,得0分。在相应的分数前的方框内打"√"。教师进行点评,学生自行记录。

□5分　　□4分　　□3分　　□2分　　□1分　　□0分

[教师点评]

任务3.4　制作演示文稿

 目的

演示文稿是企业办公软件的重要组成部分,广泛应用在工作汇报、企业宣传、产品推介、项目竞标、管理咨询等领域。在本任务中,要求制作特定主题的演示文稿。

 情景

广州市天地信息科技有限公司准备开会讨论市场拓展事宜,张经理要求初薇制作一份市场调查结果的演示文稿(简称PPT),以便在会议中使用。其情景如图3-4所示。

图3-4　张经理布置初薇制作PPT

方式

两人为一小组，共同完成。

建议：
依据任务 3.1 至任务 3.3 的结果制作演示文稿。

指导

（1）匡算幻灯片的张数。一般情况下，人的语速为每分钟 180 字左右，以此标准可以估计幻灯片的总张数。

（2）根据匡算的幻灯片张数，制订制作方案。

（3）制作幻灯片。其制作建议如下：

① 整个演示文稿至少包括 5 张幻灯片。

② 整个演示文稿中至少包含一张图片、一张图表、一张有内容的表格和一种图示。

③ 整个演示文稿至少有两个位置插入超链接，至少有两个位置插入动作按钮，动作按钮形式自定。

④ 整个演示文稿至少有 3 个位置设置自定义动画，动画方案自定，但 3 种动画方案必须不同。

⑤ 每张幻灯片内容不能相同，至少有一段文字。

⑥ 每张幻灯片必须应用不同的设计模板或者背景。

⑦ 为整个演示文稿设置幻灯片切换效果，换片方式为"单击鼠标时"切换。

成果

各小组将制作完成的演示文稿在全班进行展示。

评价

各小组展示作品，并根据表 3-2 中的评价标准做出评价。最后教师点评，各组找出差距，完善制作。

表 3-2

制作演示文稿的评价标准

等级	标准	评价
优	内容新颖，构思独特，列举的信息有说服力、有代表性，在完全按要求制作演示文稿的基础上自我创新，添加具有实用意义的新元素，小组展示过程中演示文稿运行正常	

续表

等级	标准	评价
良	列举的信息有说服力、有代表性,完全按照要求制作演示文稿,小组展示过程中演示文稿运行正常	
中	列举的信息内容不具有说服力,但能够完全按照要求制作演示文稿,小组展示过程中演示文稿运行正常	
差	列举的信息内容不具说服力,未能完全按照要求制作演示文稿或者小组展示过程中演示文稿运行不正常	

[教师点评]

 任务 3.5 打印奖状

 目的

只要有数据源(如电子表格、数据库等),只要是一个标准的二维表,就可以很方便地按一个记录一页的方式从 Word 中用邮件合并功能打印出来。因此,本任务的目的是:利用 Word 软件的邮件合并功能打印奖状的方法。

 情景

广州市天地信息科技有限公司准备在年度总结大会上表彰 2017 年度优秀员工,初薇按照名单(见表 3-3)打印奖状。其情景如图 3-5 所示。

表 3-3

2017 年度优秀员工名单

部门	姓名	部门	姓名	部门	姓名
市场部	张华军	研发部	王海鸣	财务部	黄 静
市场部	王晓东	工程部	王 玉	物流部	姜海涛
研发部	叶心仪	工程部	郭思东	行政部	雷柏明
研发部	陈大明	财务部	李灵珊	行政部	任航玄

图 3-5 初薇将奖状准备好了

奖状样式如图 3-6 所示。

图 3-6 奖状样式

奖状中的文字如下：

部同志在 2017 年工作中表现突出，被评为优秀员工，特发此状，以资奖励。

广州市天地信息科技有限公司

2018 年 2 月 1 日

 方式

两人为一小组，共同完成。

建议：

需要提前从文化用品商店购买一些空白奖状。

打印奖状

（1）对奖状版心进行测量定位。

（2）启动 Word。新建空白文档，另存为"奖状 .docx"。根据测量的奖状尺寸进行页面设置，如图 3-7 所示。

(a) 页边距设置

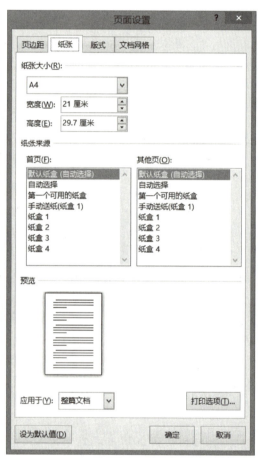

(b) 纸张设置

图 3-7　页面设置

（3）在"奖状 .docx"文档中输入奖状模板文字，并打印出来，与一张空白奖状进行比照，微调后即可确定文字的显示位置，如图 3-8 所示。

（4）启动 Excel 软件，新建一个工作簿，另存为"名单 .xlsx"。在工作表 1 中建立两个字段（即部门和姓名），并输入获奖名单中的部门和姓名，如图 3-9 所示。

（5）打开"奖状 .docx"文档。打开工具栏的"邮件"选项卡，出现邮件合并工具栏，如图 3-10 所示。

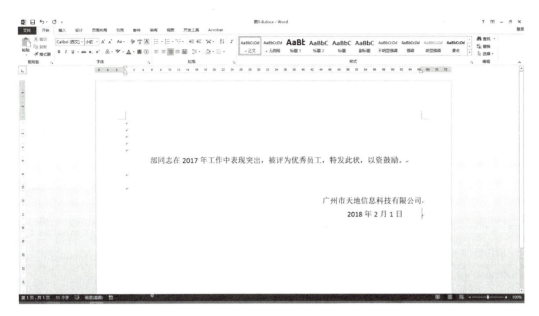

图 3-8 确定文字显示位置

图 3-9 在 Excel 表中输入获奖名单中的部门和姓名

图 3-10 邮件合并工具栏

> 说明：
> • 打开"开始邮件合并"下拉菜单，可以选择"邮件合并分步向导"菜单，按照向导完成邮件合并。

(6) 打开"选择收件人"下拉菜单，选择"使用现有列表"菜单，如图 3–11 所示。

(7) 出现"选取数据源"对话框，找到"名单 .xlsx"工作簿，选择"Sheet1$"工作表，单击"确定"按钮，如图 3–12 所示。

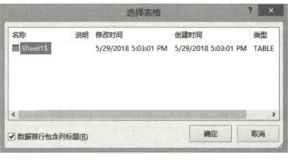

图 3–11　选择收件人　　　　　　　　　　图 3–12　选择表格

(8) 在"奖状 .docx"文档中，将光标放置在"部"字的前面，在邮件合并工具栏中，打开"插入合并域"下拉菜单，选择"部门"。重复同样的操作设置"姓名"域。在这里，可以分别选中《部门》域和《姓名》域，设置字体和字号，如图 3–13 所示。

图 3–13　插入合并域

> 说明：
> • 可以单击"预览结果"按钮查看合并效果，单击"上一记录"或"下一记录"按钮，即可显示不同的记录值。

（9）检查无误后，打开"完成并合并"下拉菜单，选择"编辑单个文档"菜单，在弹出的对话框中，选择"全部"，单击"确定"按钮，生成全部奖状，如图 3–14 所示。

图 3–14 邮件合并后的奖状

（10）接通打印机，选择"打印文档"菜单，即可完成奖状的打印。

 说明：
● 利用 Word 软件的邮件合并功能，可以批量打印信封、信件、请柬、工资条、个人简历、学生成绩单、准考证、明信片，以及各类获奖证书。

 成果

两人共同完成信封的打印，并将一份完成的信封粘贴到表 3–4 中。

表 3–4

信封粘贴处

评价

　　学生根据本任务的完成情况进行自我评价,并将分值填到表 3–5 中。然后教师进行点评,学生自行做好记录。

表 3–5

评　价　表

评价项目	分值	自我评价	教师点评
版心设计合理	1		
文字美观大方	2		
计算机操作熟练	2		
总点评			

办 公 事 务

　　办公室是一个单位的综合服务部门,事务多而杂,得有一定的综合素质才能胜任,是个很能锻炼人的地方。例如,某公司办公室的工作职责主要有:①协助各级领导处理日常行政事务。②落实总经理办公会议决定以及各部门工作计划。③负责年度计划、总结,企业活动方案,总经理办公会议纪要、决议等各类工作报告。④负责各类文件签收、审阅、传达、存档、落实等工作。⑤负责办公用品、劳保用品的购买与发放。⑥负责外事交往的联系与接待。⑦负责公司各类报刊的征订与发放。⑧负责公司印鉴的管理。⑨负责公司内部卫生的监督管理。⑩负责公司日常值班、值宿、节假日领导值班的安排。⑪负责员工考勤管理,员工劳动纪律监督与检查工作。⑫负责日常工作中的其他相关事宜。

任务 4.1　维护工作环境

 目的

能根据需要合理布置办公环境,维护办公场所清洁有序,识别办公场所安全隐患。

 情景

广州市天地信息科技有限公司张经理觉得自己的办公室比较杂乱,要求初薇看看存在什么问题并进行整理,其情景如图 4-1 所示。同时他也建议把行政部办公室(假设面积为 20 平方米,需容纳 6 人办公)进行重新布置,要求初薇设计一份行政部办公室的布置方案。

图 4-1　张经理认为自己的办公室布置不够理想

 方式

整理张经理办公室以四人小组为单位共同完成。设计行政部办公室布置方案首先由个人完成初稿,然后小组讨论、修改,最后每个小组提交一份正式稿。

建议:

(1) 学校提供办公室若干间,上课时学生可选择其中的一间作为张经理的办公室;配置数码相机或学生自带手机,用于拍摄张经理办公室整理前后的对比照片;配置多媒体教学平台,用于展示张经理办公室整理效果及行政部办公室布置方案。

(2) 整理张经理办公室在课外完成。

(3) 设计行政部办公室布置方案,以及整理张经理办公室的效果展示、评价及行政部办公室布置方案的展示、评价在课堂完成。

指导

办公环境
设计

1. 办公环境的要求

办公环境是文员主要的工作环境,包括办公地点、建筑设计、室内布局与装饰、绿化、空气、光线、色彩、声音、设备、安全等硬环境,也包括工作氛围、人际关系、个人素养、团队协作等软环境。

办公环境要求方便实用、舒适整洁、和谐安全,具体要求如下:

(1) 布局合理。既要合理利用一切空间,尽量缩减信息沟通或工作的流程,又要让人感到自然舒适,并便于沟通联系和控制监督。若工位之间无隔断,同室工作人员应朝同一个方向办公,不可面面相对,以免相互干扰和闲谈。

(2) 光线充足,光线应以来自左方为宜,以保护视力;温度适宜;空气流通;噪声低。

(3) 办公家具、办公设备、办公用品、易耗品、饮水设备等满足工作所需并符合健康、安全要求;领导的办公家具、办公设备及环境布置要舒适、大方;各种共用设备尽可能置于共用区域并靠近窗户。

(4) 办公区及办公室要设置相应的消防设施、设备及必要的报警装置,设置急救包,并定期更换。

(5) 办公区内及办公室内保持整洁,办公桌上的物品应摆放整齐,最常用的物品应放在伸手可及的地方。

(6) 办公区内或办公室内有相应的规章制度,有规范的标志和适当的绿色植物。

2. 办公环境常见的安全隐患

(1) 办公建筑隐患。办公建筑隐患主要出现在地、墙、天花板及门、窗等处。例如,地板缺乏必要的防滑措施,通道过窄,办公室没有必要的门、窗及锁具等。

(2) 办公室物理环境方面的隐患。例如,光线不足或刺眼,温度、湿度调节欠佳,噪声控制不当等。

(3) 办公家具方面的隐患。例如,计算机键盘或桌面过高,不适宜操作;办公家具和设备等摆放不当,阻挡通道;家具和设备有突出的棱角;柜架上堆放太多东西有倾斜倾向等。

(4) 办公设备及操作中的隐患。例如,电线磨损裸露,拖曳电话线或电线,计算机显示器摆放不当造成反光,复印机的辐射,违规操作设备等。

(5) 工作中疏忽大意的人为隐患。例如,站在转椅上举放物品,复印后将保密原件遗忘在复印机上,在办公室里抽烟等。

(6) 消防隐患。例如,乱扔烟头,灭火设备已损坏或过期,灭火器上堆放物品,火灾警报器失灵等。

3. 注意事项

(1) 进入、整理他人办公室和拍摄照片之前,应征得同意。

(2) 办公室布置方案应当包括所需的办公家具、办公设备、美饰物品等的清单(标明名称、规格、数量、价格)及总体费用估算,还要求画出相应的示意图。

成果

每个小组在整理办公室后,将反馈情况填到表 4-1 中。

表 4-1

整理办公室反馈表

办公室名称		地点	
存在的问题:			
改进的建议:			
得分		签名	

说明:得分一栏由在该室办公的人员填写并签名。评价点:确实进行了整理 3 分;指出的问题确实存在、改进的建议恰当可行 5 分;团队协作、文明有礼 2 分。共 10 分。

评价

请将对设计行政部办公室布置方案的评价填入表 4-2 中。

表 4-2

设计行政部办公室布置方案评价表

本组方案中所需的物品清单(标明名称、规格、数量、价格)及总体费用估算:
通过对比,分析本组方案的优、缺点:

本人设计的方案在组内得分		组长签名	
本组设计的方案在全班得分		教师签名	

说明:对个人提交的布置方案初稿和小组提交的布置方案正式稿采用同一标准评价。评价点:家具、设备等满足需要 3 分;布局合理、整齐、实用 5 分;无安全隐患 2 分。共 10 分。

［ 教师点评 ］

任务4.2 处理文件

 目的

学会及时、正确处理收到的文件。

 情景

刚上班,门卫室就送来1封邮件,初薇拿出收文登记表,准备处理。其情景如图4-2所示。

图4-2 初薇处理文件

 方式

个人独立完成。

> 建议:
> 需要提前准备好一批信封,其中一部分信件的送达地址和收信单位名称错误;每个信封里装1份文件,可以是会议通知、展会邀请、询价单、罚款单等;每个信封中的文件尽可能不要相同。

文件收发
管理制度

 指导

收文的一般程序如下:

(1)签收。对所收邮件认真检查,检查无误后,予以签收,一般平件签收时间只注明年、月、日,急件则要注明年、月、日、时、分;检查发现有误投,应立即退回。写明部门或个人亲启、亲收及保密的邮件,应转送有关部门或个人签收。

(2)启封。如果得到授权,就应及时对邮件进行启封。启封前,先将信封向一头蹾一蹾,使信件或其他东西落到一边;启封邮件一般用剪刀,尽量保持信封完好,特别注意封内信件(文件)不能损坏。信件,如提货单、发票、支票、证件等,要一一进行核对,发现错漏,应及时妥善处理。

(3)登记。逐项填写收文登记表中所列内容。登记后,应在信件(文件)首页右上角写好收文备注(包括收文人、收文编号和收文日期等)。

(4)分类。通读信件(文件),要迅速分类(如分成上送件、分发件、存档件三类)。上送件送给主管上司,分发件交给相关部门,存档件直接存档。上送件、分发件可标明急件、要件、一般件、密件等信息,便于按时、按规定处理。重要的信件(文件),最好保存原件,转送复印件,以备查考。

(5) 转送。分类完毕后,立即转送相关人员。急件、要件或标明限定完成时间的信件(文件),应适时催办,以免误事。

 成果

将任务成果填入表4-3中。

表4-3
收文登记表

日期	编号	来件单位	文件标题或内容摘要	缓急、密级	份数	转交签收	处理情况

注:如果文件需要转交他人办理,可由教师扮演这个角色,并在收文登记表中相应位置签名。

 评价

首先学生根据在任务中的表现进行自我评价,然后教师再作评价,最后学生综合评价结果,将平均分写在下面相应横线上。其中,评价点为:签收前认真核查,启封正确 3 分;填写收文登记表准确、完整 5 分;信件(文件)上收文备注准确、完整 2 分。共 10 分。

综合评价:_____分

[教师点评]

 任务 4.3 收发电子邮件

 目的

学会收发和管理电子邮件。

 情景

初薇收到一份会议通知(纸质),她立即通知了出差在外的张经理。张经理认为这作通知很重要,吩咐初薇马上用电子邮件发给他。其情景如图 4-3 所示。

图 4-3　初薇与张经理通电话,张经理要求发邮件

方式

个人独立完成。

> 建议:
>
> (1) 为完成本任务,每位学生都需注册一个电子邮箱。目前,新浪、网易、搜狐、雅虎、腾讯、Hotmail、21CN、TOM 等网站均提供免费邮箱,可以方便地申请。
>
> (2) 授课时,教师可先将会议通知的扫描件分发至"初薇"(学生)的计算机,然后"初薇"申请邮箱、撰写邮件并连同会议通知的扫描件发送给张经理;张经理(教师)将对会议通知的回复意见作为附件发还给"初薇"。

 指导

电子邮件是一种快捷、低成本、低碳的信息沟通方式,在现代商务办公领域得到广泛应用。

阅读电子邮件前,需要防止邮箱中病毒。方法是:选择可靠的杀毒软件,定期升级病毒库,开启杀毒软件的邮件监视功能;收到邮件时,先看邮件大小,如发现邮件无内容、无附件,但邮件却有几十 KB 甚至更大,则此邮件极有可能含有病毒。或者,发现对方邮件地址很陌生,附件(如果有)后缀名很奇怪,邮件主题或内容不健康等反常现象,均可直接删除此邮件,并清空垃圾邮件箱。

收到商务性质的邮件,应及时、准确地进行登记,并在计算机上建立专门的文件夹存档。如有必要,可将邮件打印一份给相关人员传阅或批示。需要回复的邮件,应在尽可能短的时间内予以回复。

发送或回复邮件,应像正式信件一样认真对待,邮件主题简练明确、格式规范、行文

电子邮件
管理制度

晓畅、语气恰当。邮件下方,可附上含有公司信息、公司宣传口号、个人联系方式及座右铭的签名,但不宜太复杂。

对于重要的商务邮件,在发送前,应经过相关负责人的审阅,并做好文件的备份,短期内,可利用电子邮箱的"已发送"文件夹进行保存。

 成果

完成任务后,填写电子邮件登记表,如表 4-4 所示。

表 4-4

电子邮件登记表

日期	编号	收邮或发邮	对方单位	对方姓名、职务	邮件主题或内容摘要	转交情况	处理情况

 评价

首先学生根据在任务中的表现进行自我评价,然后教师再作评价,最后学生综合评价结果,将平均分写在下面相应横线上。其中,评价点为:成功注册邮箱 2 分;正确收发邮件及下载、上传附件 4 分;邮件内容规范得体 2 分;填写电子邮件登记表准确、完整 2 分。共 10 分。

综合评价:_____分

[教师点评]

 任务 4.4　管理零用现金

 目的

学会管理零用现金。

情景

　　广州市天地信息科技有限公司一位业务员生病住院,方正准备买些鲜花、水果去医院探望。方正找到了管理零用现金的初薇,其情景如图 4-4 所示。

图 4-4　方正找初薇借支零用现金

 方式

　　两人为一小组,共同完成。

建议:
小组内成员分别轮流扮演初薇和方正两个角色。

 指导

定额备用金

　　零用现金是办公室中的小额备用金,主要用于支付市内交通、停车、邮资、小型接待、一般拜访、添置少量办公用品等日常费用。零用现金的数额根据公司规模和平时支出情况确定。零用现金保管和支付的程序是:

　　(1) 零用现金管理人员建立零用现金登记簿,清楚登记每一笔现金收支的日期、用途、金额、凭单编号等。

　　(2) 相关人员应填写零用现金凭单,经授权人审批签字、零用现金管理人员核对无误后,方可领取现金。

　　(3) 零用现金管理人员在办理核销前要认真核对相关人员提交的发票等证据与零用现金凭单上填写的是否完全一致,然后将发票等证据附在零用现金凭单后面。

　　零用现金应在专门的现金箱(如保险柜)中保管,零用现金管理人员要每天进行清点。当支出的费用达到一定数额时或月末,零用现金管理人员应到财务部门报销并将现金返还到零用现金箱中进行周转。

成果

每个小组要填写零用现金登记表（见表 4–5）与零用现金凭单（见表 4–6）。

表 4–5

零用现金登记表

序号	日期	用途	借款金额	借款人签字	核销金额	退补金额	用款人签字

表 4–6

零用现金凭单   编号：_____

借款			核销		
日期	用途	借款金额	日期	实用金额	退补金额
借款人	核准人	经办人	用款人	核准人	经办人

评价

首先学生根据在任务中的表现进行自我评价，然后教师再作评价，最后学生综合评价结果，将平均分写在下面相应横线上。其中，评价点为：正确填写零用现金登记表 3 分；正确填写零用现金凭单 3 分；密切配合组员完成任务 4 分。共 10 分。

综合评价：_____ 分

［教师点评］

任务 4.5 办理报销手续

 目的

学会办理报销手续。

 情景

初薇陪张经理到上海参加企业发展高峰论坛,发生的开支如下:会务费3 200元,住宿费3 600元,往返机票5 768元,上海市内交通费200元。初薇返回公司后准备到财务部报销,其情景如图4-5所示。

李会计,您好!我是初薇,我现在去找您报销,方便吗?

图 4-5　初薇联系财务部报销

 方式

四人为一小组,分别扮演初薇、张经理、会计主管和会计。

建议:

(1) 由教师担任出纳,以便于核查单据和进行评价。为学生准备出差申请单(参考表 4-7)和差旅费报销单(参考表 4-8),提前通知学生自备发票若干张。

表 4-7

出差申请单

出差申请人		员工编号	
部门		出差往返时间	
出差地点			
其他同行出差人员部门、姓名、员工编号、往返时间			
出差原因:			
批准人意见:			

表 4-8

差旅费报销单

部门：　　　　　　　　　　　　　　年　月　日　　　　　　　　　附单据　张

出差人：			员工号：		电话：		出差事由：			
出发				到达				交通工具		出差补贴
月	日	时	地点	月	日	时	地点	种类	金额	天数

（表格内容略，其他费用项目包括：住宿费、餐费、市内车费、邮寄费、办公用品费、图书资料费、往返机场、车站、码头交通费、其他）

出差补贴	其他费用	
金额	项目	金额
	住宿费	
	餐费	
	市内车费	
	邮寄费	
	办公用品费	
	图书资料费	
	往返机场、车站、码头交通费	
	其他	

金额小计

报销金额	大写：			预借差旅费	现金：	补领金额：
					支票：	退还金额：

单位领导：　　　部门主管：　　　会计主管：　　　出纳：　　　会计：　　　经手人：

注：请务必按要求，真实、完整地填写上述项目，并对票据的合法性负有责任。

（2）如果条件允许，初薇、张经理会计主管、会计和出纳可以分隔在不同的地点，以增强训练的仿真度。

指导

1. 差旅费开支

差旅费是指出差期间因办理公务而产生的各项费用，一般包括城市间交通费、住宿费、伙食补助费和其他费用 4 项。

（1）城市间交通费。出差人员应按规定等级乘坐交通工具，凭合规票据据实报销。出差人的下列费用可凭据报销：按规定等级乘坐飞机、高铁/动车、火车、轮船及其他交通工具；往返机场、车站、码头的公交、出租车票；航空旅客人身意外伤害保险费，限每人每次一份（统一购买意外伤害保险的员工不再报销）。

住宿费标准

（2）住宿费。出差期间的住宿费采取限额内凭票据实报销的办法，超过限额由出差人自行负担。各级别人员的标准均执行财政部有关差旅住宿费标准。

（3）伙食补助费。出差人员的伙食补助费实行定额包干，每人每天 100 元。

（4）其他费用。主要包括在出差地的城市内交通费、通信费、办公费、托运费等。出差人员的其他费用实行定额包干，每人每天 80 元。

2. 参加会议及其他情况外出的差旅费

员工外出参加会议，报销必须凭正式会议通知。

（1）会议统一安排食宿的，会议期间的住宿费、伙食补助费和其他费用不再另行报销，在途期间的住宿费、伙食补助费和其他费用按照以上差旅费规定报销。

（2）不统一安排食宿的或者统一安排但费用自付的，会议期间和在途期间的住宿费、伙食补助费和其他费用均按照以上差旅费规定报销。

（3）未注明是否统一安排食宿且费用自付的，按照会议统一安排食宿办理。

（4）由单位派出到外地参加与岗位业务相关培训的，比照外出参加会议办法处理。

（5）借调员工的差旅费由用人单位支付，特殊情况按双方商定的原则办理。

（6）对于聘请专家及其他非本单位人员为本单位工作而产生的差旅费，经主管领导批准后，可凭票据实报销。

（7）工作人员出差期间，事先经部门领导批准就近回家省亲办事的，可以报销出差地城市间交通费，绕道和在家期间不予报销交通费、住宿费、伙食补助费和其他费用。

3. 出差借款及差旅费报销管理

（1）员工出差必须事前提出书面申请，填制出差申请单，经其直属上级领导批准。凡未得事先批准的，一律不予报销。

（2）出差人员出差前可填写出差借款单，经批准后到财务部门办理借款手续。借支额度按"个人借支额批准出差时间 × 住宿限额及生活补助标准 ×50%＋交通工具费用"并结合出差实际情况核定，如国内长途出差最高不超过 4 000 元 / 人次，短途短期不借支差旅费。

（3）出差人员出差返回单位后必须如实填写报销票据在 15 个工作日内到财务部门办理报销手续（会议费的报销还需附会议通知）。

（4）出差借款采取"前账不清、后账不借"的原则，即已办理出差借款的，在报销前不得再次借支差旅费。

财务人员在审核中发现违反规定的情况，应立即停止借款、报销，并及时向有关领导反映。

 成果

请将填好的出差申请表、差旅费报销单粘贴在表 4-9 中。

表 4-9

出差申请表、差旅费报销单粘贴处

评价

首先学生根据在任务中的表现进行自我评价,然后教师再作评价,最后学生综合评价结果,将平均分写在下面的横线上。其中,评价点为:正确填写3分;手续完备1分;粘贴美观1分。每表5分,共10分。

综合评价:_____分

[教师点评]

任务4.6 使用印信

 目的

学会管理和使用印章、介绍信。

 情景

快下班了,销售部小李拿着一份购销合同急匆匆来找初薇,请她盖章,并要求初薇开一份介绍信。其情景如图4-6所示。

图4-6 小李请初薇在合同上盖章,并开一份介绍信

 方式

个人独立完成。

建议:

提前准备广州市天地信息科技有限公司公章一枚,刻上"教学专用"字样,印泥一盒;教师自行或者指定一位同学扮演张经理,为其余同学准备格式购销合同一份(实际工作中合同至少一式两份,在教学时予以简化)。

 指导

1. 单位印章

单位印章(包括单位公章、财务专用章、合同专用章、负责人印章等)是单位对内对外行使权力的标志,只有按规定加盖了印章的文件才能生效。单位印章具有法定权威性,严禁伪造印章或使用伪造印章。印章管理需注意以下事项:

印章使用
管理规定

(1)文件需要加盖印章,应填写"用印申请单"(见表4-10),相关负责人签字后可盖章。

表 4-10

用印审批单
年 月 日

用印事由			
用何章		份数	
部门		负责人核签	
行政部意见(针对合同、协议签署意见)			
总经理审批			
经办人(电话)			
备注			

注:印章种类有:单位公章、合同专用章、财务专用章、钢印、法定代表人签字章、法定代表人手章;各部门章等。

(2)印章需专人负责,印章管理人员不得委托他人代盖印章,不得将印章随意带出办公室,更不得交与他人拿去使用。

(3)盖印章前要进行认真审阅,明确了解用印的内容和目的;审阅无误后,进行审批、登记。

(4) 盖印章要端正、清晰,公章要盖在署名上,上不压正文,下要骑年盖月,做到用力均匀、落印平稳、印泥适度、没有污损。合同一般还需加盖骑缝章。

2. 介绍信

介绍信是用来介绍被派遣人的姓名、年龄、身份、接洽事项等情况的一种专用书信,具有介绍和证明的双重作用。出具介绍信要经过审批,内容要具体明确,不能含糊笼统,有时还要写明介绍信的有效期限(天数用大写)。严禁开具空白介绍信。介绍信要求字迹工整,不能随意涂改。

普通介绍信一般不带存根,正中写"介绍信"。内容包括称呼、正文、结尾、署名和日期。

专用(印刷式)介绍信共有两联,一联是存根,另一联是介绍信的本文。两联正中有间缝,并编有号码。

一般的介绍信式样如表4-11所示。

表4-11

介　绍　信

_____公司:

　　兹介绍我公司_____等__名同志前往贵公司办理_____事宜,请予接洽。

　　此致

敬礼!

_____公司(盖章)

年　　月　　日

(有效期　天)

 成果

(1) 将印章使用情况填入印章使用登记表(见表4-12)中。

表4-12

印章使用登记表

盖章日期	文件名称	印章类别	盖章份数	批准人	盖章人	备注

(2) 将拟好并盖章的介绍信粘贴在表4-13中。

表 4-13

介绍信粘贴处

　评价

　　首先学生根据在任务中的表现进行自我评价,然后教师再作评价,最后学生综合评价结果,将平均分写在下面相应横线上。其中,评价点为:准确找出合同文本中的明显错误并纠正(注意:实际工作中合同不能随意涂改)2 分;盖章手续完备、登记表填写清晰 1 分;盖章端正、清晰、规范 2 分。介绍信格式正确、内容恰当 2 分;盖章手续完备、登记表填写清晰 1 分;盖章端正、清晰、规范 2 分。两项共 10 分。

综合评价:_____分

[教师点评]

会 务 工 作

    会务是指有关会议议程安排的事务,关于某些团体组织或会议的事务。会务,从字面上来解释就是对会议进行服务,本身其实是一个短语。现在会务已经逐渐成了一个词语,很多人现在说的会务,其实就是会议。

    会议是人类群体有组织地会晤、议事的行为或过程。会议的要素,即会议的组成因素,可分为基本要素和其他要素两大类。会议基本要素是所有会议必有的,包括目的、时间、会议地点、主持者、组织者、与会者、会议议题、议程。会议其他要素是指可供选择的、并非为所有会议所共有的要素,包括名称、服务机构、秘书机构、经费、文件材料、专用设备工具、各种消耗性材料等。

任务 5.1 拟写会议通知

 目的

能够根据会议要求,拟写会议通知。

 情景

2017 年公司的业绩不错,且适逢公司成立十周年。张经理最近几天都在和其他几位经理商讨新年团拜会的事。公司决定,今年团拜会要隆重热烈,除了要答谢公司的重要客户,还要奖励省内各销售点的主管和销售代表以及公司总部的员工。张经理要求初薇撰写会议通知,其情景如图 5-1 所示。

①初薇,通知大家今年的新年团拜会在1月30日举行。

②好的,经理。

图 5-1 张经理布置初薇撰写会议通知

 方式

个人独立完成。

 指导

1. 企业常见会议的种类

(1) 经理例会。它是指由本企业的经理们参加、研究经营管理中重大事项的办公会议。这种会议是例行会议,通常在固定的周期举行,与会者和会议地点都相对固定。

(2) 部门员工例会。它是指企业中某一部门定期召开、由本部门全体员工参加的会议。

(3) 公司年会。公司各部门汇报总结一年来的工作业绩,制订下一年的工作计划。公司年会通常在年终举行,既有总结表彰,还会开展一系列的庆祝活动。

会议管理
办法

　　(4) 客户咨询会。其主要参会人是企业的客户代表、合作单位的代表,主要听取客户对企业经营管理方面的意见、建议,对客户提出的问题集中给予解答。

　　(5) 产品展销订货会。此类会议通常由企业销售部门负责人操办,需要进行展位布置,对企业的产品和文化进行宣传,也是企业经营中经常使用的一种有效手段。

　　2. 会议通知

　　会议通知是会议召集单位或个人的书面通知。在会议通知中,通常要求用简明扼要的语言阐述以下内容:开会的原因、目的、意义,会议的召集者,会议内容,开会时间、地点,参会者,其他须知事项(规定报到时间、回执等)。

　　会议通知一般有一定的格式要求,表 5-1 是一个会议通知模板。

表 5-1

会 议 通 知
＿＿＿＿部门:
为＿＿＿＿(如落实上级工作安排、通知,或做好＿＿＿工作、交流经验等),我单位定于＿＿＿＿年＿＿月＿＿日在＿＿＿＿(地点)召开＿＿＿＿(会议标题、形式)会议,会议主题为＿＿＿＿。参加人员为＿＿＿＿(如＿＿＿公司下属各销售点销售员)。届时请相关人员准时参加。
特此通知。
＿＿＿＿单位(章)
年　月　日

成果

　　请将本任务训练中形成的成果填写或粘贴在表 5-2 中。

表 5-2

会议通知粘贴处

评价

    学生根据拟写的会议通知进行自我评价,并将分值填到表5-3中。然后教师进行点评,学生自行做好记录。

表5-3

评　价　表

评价项目	分值	自我评价	教师点评
结构完整,格式规范	2		
内容充分,条理清晰	2		
语言得体,通顺简洁	1		
总点评			

 任务5.2　发送会议通知

 目的

    发送会议通知。

 情景

    续任务5.1。张经理对于初薇拟写的会议通知非常满意,要求初薇将会议通知以最快捷的方式发送给相关人员。其情景如图5-2所示。

图5-2　张经理要求初薇发送会议通知

方式

个人独立完成。

> 建议：
> 事先确定发送通知的范围，如 10 人一组等。

指导

发送会议通知可以通过电子邮件、传真或 OA、企业微信等方式，也可以采用传统的送达书面通知的方式。如果是人员较多的公司，那么通知往往送达部门负责人，再由部门负责人通知下属员工。无论采用哪种方式，都要确定最终的参会人员，并填写参会人员信息表。

发送会议通知涉及三个时间，第一是会议召开时间；第二是会议通知时间；第三是回执报送时间。

会议通知的送达一定要预留足够的时间，大型会议的通知时间至少要提早一个月以上。报送回执也是非常重要的一个环节，确定合理的回执报送时间有利于会前准备工作的顺利进行。

发送会议
通知须知

成果

请将编制的"会议通知发送记录"和"参会人员信息表"粘贴在表 5-4 中。

表 5-4

会议通知发送记录和参会人员信息表粘贴处

说明：
- 会议通知发送记录一般包括会议名称、会议时间、会议地点、参会人、通知人、通知时间等。
- 参会人员信息表一般包括序号、姓名、部门、职务、电话、E-mail、备注等。

 评价

学生根据本任务的完成情况进行自我评价，并在相应的评价等级后的方框内打
"√"。然后教师进行点评，学生自行做好记录。

(1) 表格信息是否完整。　　　　　　　完整□　　　　不完整□
(2) 发送时间是否恰当。　　　　　　　恰当□　　　　不恰当□
(3) 报送回执时间是否合理　　　　　　合理□　　　　不合理□

［教师点评］

 任务 5.3　编制会议日程

 目的

根据会议内容，编制会议日程。

情景

续任务 5.2。张经理要求初薇编制一个会议日程。其情景如图 5-3 所示。

图 5-3　初薇编制会议日程

方式

两人为一小组，共同完成。

> 建议：
> 在会议日程上，需包括的会议内容有经理致辞、嘉宾致辞、销售代表讲话、颁奖、员工表演(小组唱、舞蹈、魔术)、抽奖等。

指导

会议日程是指会议在一定时间内的具体安排。日程的安排包括时间、内容、地点。会议日程通常采用表格形式。

由于会议日程是会议内容的安排表，因此在会议日程的安排过程中，需要与领导及时沟通，以便了解会议的意图和目的，这样才能使会议开得有效率。

会议日程
范例

成果

请将编制的"会议日程"粘贴在表 5-5 中，并注明所使用模板的来源。

表 5-5

会议日程表粘贴处
模板来源

评价

学生根据拟写的会议日程进行自我评价,并将分值填到表 5-6 中。然后教师进行点评,学生自行做好记录。

表 5-6

评　价　表

评价项目	分值	自我评价	教师点评
结构完整,格式规范	2		
内容充分,条理清晰	2		
语言得体,通顺简洁	1		
总点评			

 任务 5.4　申请会议经费

 目的

根据会议要求,制定会议经费预算。

 情景

续任务 5.3。张经理要求初薇尽快做一份会议经费预算,于是初薇打电话咨询各家酒店的宴会厅租用费。其情景如图 5-4 所示。

图 5-4　初薇了解酒店宴会厅租用费

方式

个人独立完成。

指导

1. 会议经费预算的内容

编制经费
预算原则

会议经费预算要视会议的性质而定。一般的工作例会、内部会议等通常不需要制订经费预算。只有大中型的会议活动,如公司年会、新产品发布会等才需要完整、翔实的经费预算。通常而言,会议的经费预算一般包括以下几项支出内容:

(1) 会议费。主要包括场地租金和设施租赁费。

① 会议场地租金。通常而言,场地的租赁已包含某些常用设施,如激光指示笔、音响系统、桌椅、主席台、白板或者黑板、油性笔、粉笔等。但一些非常规设施并不涵盖在内,如投影设备、临时性的装饰物、展架等。需要加装非主席台发言线路时,有可能需要另外预算。

② 会议设施租赁费用。此项费用主要用于租赁一些特殊设备,如投影仪、笔记本电脑、移动式同声翻译系统、会场展示系统、多媒体系统、摄录设备等。有时候还需要支付一定的使用保证金。租赁费用中包括设备的技术支持与维护费用。

> 💎 说明:
> ● 在租赁时,应对设备的各类功能参数做出具体的要求。在时间安排上,要趋于合理,同时还要留有余地。一般来说,前面的时间、进度要安排得紧凑些,确保后面有调整与完善的余地。

(2) 培训费。主要包括请专家、学者讲课的酬金等。

(3) 资料费。主要是为参会者准备的资料的印刷费等。

(4) 住宿费。参会者的食宿费等。

(5) 交通费。交通费用可以细分为:

① 出发地至会务地的交通费用。包括航班、铁路、公路、客轮,以及往返机场、火车站、港口码头的交通费用。

② 会议期间的交通费用。主要是会务地交通费用,包括住宿地至会所的交通、会所到餐饮地点的交通、会所到商务交际场地的交通、商务考察的交通,以及其他与会人员可能使用的预定交通的费用。

③ 欢送及返程的交通费用。包括航班、铁路、公路、客轮,以及往返机场、火车站、港口码头的交通费用。

(6) 其他。

总之,制订会议经费预算时,一方面要本着勤俭办会、节约办会的原则,尽量降低会议的成本;另一方面要有一定弹性,即注意留有余地。

2. 会议经费预算的样式

会议经费预算的样式如表 5-7 所示。

表 5-7

_____会议经费预算

公司定于_____年___月___日在_____召开_____会议。参会人员预计_____人,现就会议所需各项经费提出预算。

一、场地租用费……

二、伙食费用……

三、交通费用……

四、会议设备使用费……

五、纪念品……

六、奖品……

七、……

八、……

此次会议经费总计_____元。

成果

请将制订的"广州市天地信息科技有限公司 2018 年新年团拜会经费预算"进行拍照,并将其打印出来后粘贴在表 5-8 中。

表 5-8

会议经费预算粘贴处

评价

　　学生根据拟写的会议经费预算进行自我评价,并将分值填到表 5-9 中。然后教师进行点评,学生自行做好记录。

表 5-9

评 价 表

评价项目	分值	自我评价	教师点评
经费预算是否合理	5		
经费预算项目是否完整	5		
经费预算是否可行	5		
总点评			

任务 5.5　会前准备

 目的

　　根据会议要求,准备会议所需资料,做好会议筹备。

 情景

　　续任务 5.4。公司新年团拜会即将举行,最近几天初薇和同事们都忙于会前准备。因为事情很多,初薇需要做一份会议准备表,把需要准备的事项一一列明,然后逐项完成。其情景如图 5-5 所示。

图 5-5　初薇与同事一起拟定会议准备表

方式

两人为一小组，共同完成。

 指导

会前准备
工作

　　会前准备工作的内容可分为三个部分：内容、场地与物资。其具体包括安排会议议题、确定与会人员、确定会议时间、确定会议方式、确定会议场所、确定会议议程、确定会议日程、制发会议通知、准备会议必需品、布置会场、准备会议文件资料。

　　会前准备工作十分琐碎，需要细致耐心，事先要制订周密的准备方案，尽量详细列出各项工作的内容及完成步骤。为避免遗漏，通常制作会议准备表。

　　会议准备表样式见表5-10。

表5-10

×× 公司新年团拜会准备表

事项	内容	完成情况
① 打印台签式嘉宾姓名卡片	打印台签式嘉宾姓名卡片	
② 打印会议指示牌	该指示牌放在举办团拜会酒店的大堂	
③ 联系制作会议横幅	确定制作所需时间和价钱	
④ 购买会议签名册	确定购买的地点和价钱	
⑤ 联系摄影摄像	联系摄影摄像公司，了解所需费用	
⑥ 预订团拜会酒店	了解酒店预订方式和订金情况	
⑦ 预订菜单	请酒店出一份每席 10 人，每人消费 50~100 元的菜单（不含酒水）	
⑧ 安排接站	讨论接站的注意事项	
⑨ 租车	了解租用 50 人客车的费用	
⑩ 购买奖品、纪念品	讨论确定拟购买的奖品和纪念品	
⑪ 安排团拜会签到及座位引领	打印一份 A3 纸大小的团拜会座位表，打印放置在每桌宴会席上的人员名单	

 成果

请将填写的会议准备表粘贴在表5-11中。

表 5-11

会议准备表粘贴处

评价

学生根据拟写的会议准备表进行自我评价,并将分值填到表 5-12 中。然后教师进行点评,学生自行做好记录。

表 5-12

评 价 表

评价项目	分值	自我评价	教师点评
准备事项是否全面	5		
人员分工是否合理	5		
会议准备表内容是否清晰明了	5		
总点评			

 任务 5.6 布置会场

 目的

根据会议要求,布置会场。

 情景

续任务 5.5。新年团拜会晚上就要在银河宾馆宴会厅举行了。初薇和方正上午来到宾馆,进行会场布置。两个人在会场布置上各抒己见。方正主张主桌摆放在中间,理由是可以靠近各位员工,能够营造良好的宴会气氛;初薇则认为,主桌应该摆放在舞台前面,这样可以方便观赏节目,也方便领导及嘉宾上台颁奖致辞。除了宴会桌次的摆放,还需要布置横幅、发言席和舞台。其情景如图 5-6 所示。

 方式

四人为一小组,共同完成。

建议:
假设广州市天地信息科技有限公司举办的是宴会式的公司年会。同学们可以针对这一主题在网上查找各种宴会布置的示意图。

图 5-6 初薇与方正在会场布置上各抒己见

 指导

会场的布置要为会议内容服务,要努力创造和谐热烈的会议气氛。

(1) 中大型会议要保证一个绝对的中心,因此大多采用方形、半圆形的形式,以突出主持人和发言人。

(2) 中小型会场可采用方拱形、半月形、椭圆形、回字形、T 字形、圆形等形式。这些形式使与会者便于讨论和发言。

会场的选定与布置

(3) 如果是以宴会形式进行的会议,那么主桌的设置要依据桌数的多少以及宴会的内容来确定。其他桌次地位的高低,则以距主桌位置的远近而定。

 成果

请每个小组向老师和同学展示绘制的"会场布置示意图",然后粘贴在表 5-13 中。

表 5-13

会场布置示意图粘贴处

评价

学生根据本任务的完成情况进行自我评价,并在相应的评价等级后的方框内打"√"。然后教师进行点评,学生自行做好记录。

(1) 桌次摆放。　　　　合理□　　　　一般□　　　　不合理□
(2) 会场气氛。　　　　合理□　　　　一般□　　　　不合理□
(3) 条幅悬挂。　　　　合理□　　　　一般□　　　　不合理□
(4) 会场背景。　　　　突出□　　　　一般□　　　　不突出□
(5) 会场灯光。　　　　明亮柔和□　　一般□　　　　灰暗沉闷□

[教师点评]

任务 5.7　撰写会议简讯

 目的

根据会议召开的情况,撰写会议简讯。

 情景

续任务 5.6。新年团拜会结束了,张经理对这个团拜会非常满意。接下来,初薇要着手撰写一份会议简讯,并将其放在公司的网站上。其情景如图 5-7 所示。

图 5-7　初薇撰写会议简讯

方式

个人独立完成。

> 建议：
> 可以利用搜索引擎搜索"公司召开新年团拜会"，会找到许多参考例文。

 指导

　　会议简讯是对会议情况的报道。由编写者综合会议情况，选取有价值部分，用消息报道的形式给以反映。会议简讯要求快、实、短，"快"是指时效性，"实"要求反映的情况真实准确，"短"是指简明扼要、短小精悍。

会议简讯的
编写

　　会议简讯注重时效性，主要反映会议召开的过程、情况和结果。撰写会议简讯时，要注意时间、地点、出席人员、会议的主要内容以及重要人物的发言内容。

 成果

　　请将撰写的新春团拜会简讯粘贴在表 5–14 中，并注明参考例文名称及来源。

表 5–14

简讯粘贴处
参考例文名称及来源

评价

　　学生根据拟写的会议简讯进行自我评价,并将分值填到表 5-15 中。然后教师进行点评,学生自行做好记录。

表 5-15

评 价 表

评价项目	分值	自我评价	教师点评
结构完整,格式规范	2		
内容充分,条理清晰	2		
语言得体,通顺简洁	1		
总点评			

任务 5.8　整理会议文件

 目的

　　整理会议中形成的文件,并编制文件目录。

 情景

　　续任务 5.7。新年团拜会告一段落,从发放会议通知到撰写会议简讯,初薇付出了很多努力。现在初薇进行会务工作的最后一项工作,即整理会议文件。其情景如图 5-8 所示。

图 5-8　初薇整理会议文件

方式

个人独立完成。

> 建议：
> 新年团拜会的会议回执及与会人员信息表也应该列入文件目录中。

指导

一般会议文件包括会议通知、会议议程、会议记录、会议纪要（会议简讯）等。

1. 会议文件的收集整理工作

(1) 确定会议文件的收集范围。

(2) 选择收集会议文件的渠道。

(3) 运用收集文件的不同方法进行会议文件的收集。

2. 会议文件的立卷归档

把会议过程中的一整套材料进行分类立卷归档。

3. 文件目录

日常工作中，有各种各样的文件，为了便于对文件进行存取和管理，应建立文件的索引，这种文件的索引称为文件目录。

会议材料
归档规定

成果

向教师和全班同学展示所整理装订的会议文件，然后在表 5-16 中填写文件目录。

表 5-16

文 件 目 录

序号	文件名称	页码

评价

　　学生对本任务的完成情况进行自我评价,并在相应的评价等级后的方框内打"√"。然后教师进行点评,学生自行做好记录。

(1) 会议文件。　　　　齐全□　　　　不齐全□
(2) 文件目录。　　　　清晰□　　　　不清晰□
(3) 文件装订。　　　　合乎要求□　　不符合要求□

[教师点评]

商 务 旅 行

　　商务旅行(Business Travel),又称公干、出差等,主要涉及交通、住宿、会议、饮食及其他活动等。商务旅行的目的与普通旅游不同,以从事商务活动为中心,对时间、效率、环境等要求较高,合理安排好商务旅行可节约时间、成本,提高效益,为组织带来生意灵感和发展机会。

任务 6.1　制订商务旅行计划

目的

能够根据商务旅行的需要，制订商务旅行计划。

情景

一年一度的商品展销会将在浙江杭州举行，张经理希望通过观摩展销会了解行业发展新动向，并借此机会与飞鸿公司洽谈研发新产品的有关合作事项。

于是，张经理对初薇说："初薇帮我草拟一份商务旅行计划。我打算 6 月 23 日早上乘飞机前往，24 日下午乘飞机返回。到达杭州后先安排参观展销会，然后再安排与飞鸿公司洽谈，晚上我还要会见一些老朋友。预订的酒店最好在市区，交通要方便。另外，你要提前与飞鸿公司的陈经理联络，将我的行程转告他。我这里有一份过去的商务旅行计划表，你可以用来参考。"其情景如图 6-1 所示。

图 6-1　张经理布置初薇制订商务旅行计划

方式

个人独立完成。

> **建议：**
> 可借助网络查阅相关资料。

指导

商务旅行又称公干、出差，是商务人士以商务或者其他相关商务活动目的为导向的

商务旅行
计划的内容

一系列活动的统称。目前,大多数企业认为商务旅行是企业行为的重要组成部分。商务旅行活动一般包括差旅、会展、商务考察、奖励旅游及培训研修等内容。

1. 编制商务旅行计划的注意事项

(1) 要明确领导对此次旅行的意图、目的地、旅行时间、到达目的地后商务活动计划。

(2) 了解领导对交通工具及食宿的要求,熟悉公司对出差的有关规定。

(3) 向有关服务机构或向旅行目的地享有盛誉的旅游机构索取有关资料。如果是国际商务旅行,还要了解当地的乃至该国各交通(航空、航海、铁路、公路等)工具运行情况、旅行路线、旅馆环境情况、目的地的货币、外汇管理规则、经商特点,以及有关护照、签证、健康等规定。需要中转时,应尽量选择衔接时间在 2~4 小时的班机,将因中转而导致的时间浪费降低到最低限度。

(4) 制订计划时,若能直接利用定期航班的航线来设计旅行路线,则尽量采用;在时间编排方面,必须考虑时差的变化,包括买机票(车票、船票)时也要注意时差。

(5) 拟定几个旅行计划,与领导共同讨论,最后选定最佳方案。

(6) 制订国际商务旅行计划时,离开和到达的时间都应以当地时间为准,因此,应熟悉国际时间计算的方法。

2. 制订前的准备工作

(1) 查阅适合的航班,预订双程机票。

(2) 了解展销会的地点,确定拟预订酒店的位置。

(3) 选择符合条件的酒店,预订房间。

(4) 及时与飞鸿公司有关部门联系,了解杭州的地理位置、气候、风土人情等情况。

(5) 制订商务旅行计划。其模板如表 6-1 所示。

表 6-1

商务旅行计划表(仅供参考)

日期	具体时间	交通工具	地点	具体事项	备注
2017 年 4 月 15—16 日	8:00—8:30	公司派车	广州	从家出发到机场	联系人电话: 020-84325888
	9:30—12:00	民航班机	飞机上	从广州飞往北京	
	12:20—15:00	出租车	酒店	午餐、午休	
	15:00—17:00	出租车	某企业	约见客户	
	17:30—19:00	出租车	饭店	与新老客户就餐	
	19:00—20:00	出租车	前往机场	准备返回广州	
	20:00—22:30	民航班机	飞机上	飞往广州	

成果

请将任务训练中形成的成果填写或粘贴在表 6-2 中。

表 6-2

商务旅行计划表粘贴处

 评价

学生根据自己编制的商务旅行计划表进行自我测评,将具体内容填写在表 6-3 中。然后教师进行点评,学生自行做好记录。

表 6-3

商务旅行评价表

序号	评价内容	自我测评(5 分制)	教师点评
1	计划的完整性		
2	计划的合理性		
3	计划的可操作性		

总分_____。

[教师点评]

任务 6.2 ｜ 安排商务旅行

目的

能通过各种方式获取信息,熟练安排商务旅行工作。

情景

续任务 6.1。张经理基本认同初薇草拟的商务旅行计划,于是就要求初薇按照计划替他安排各项旅行事宜。方正是业务员,初薇认为他对订机票比较有经验。于是,初薇向方正请教,其情景如图 6-2 所示。

图 6-2　初薇向方正请教

(1) 通过查阅,方正查到订购机票的各种方式及其对应的特点。其情景如图 6-3 所示。

(2) 初薇根据订票特点选择适合的购票方式,并将预订机票的资料整理成一张表。

(3) 借鉴方正的经验,初薇也学习在网上订酒店。其情景如图 6-4 所示。

图 6-3　方正的疑问　　　　　图 6-4　初薇在网上订酒店

（4）初薇根据商务旅行计划为张经理准备商务旅行应携带的文件资料，并将携带的必备物品列了一张明细表。

 方式

两人为一小组，共同完成。

 指导

出行安排

1. 旅行网站

使用旅行网站可以查询到目的地的天气、特产、风土人情、航班、入住酒店的具体位置及交通情况等。

2. 订购机票

订购机票的方式有四种，分别是民航售票处订购、机票代售点订购、电话订购和网络订购。

（1）民航售票处订购。只要有航空旅客服务的城市都会有民航售票处，在售票大厅找到所需的航空公司，将需要的往返时间、航班、到达地点、乘机人姓名、乘机人身份证等相关资料提供给售票员，便可以购买到机票。

（2）机票代售点订购。可以选择公司附近的民航机票代售点，在代理商柜台直接购票。代售点购票通常需要缴纳手续费。

（3）电话订购。这种方式现今使用较多。可直接打电话到民航售票处或机票代售点或网上旅游平台客服中心，将所需要的航班、往返时间、到达地点、乘机人姓名、乘机人身份证号码等相关资料告诉对方便可。双方可约定付款方式，一般有两种：一种是现金，告诉对方送票地址，对方送票过来的时候，把现金交给他；另一种是信用卡支付，如果机票不需要报销，直接凭身份证去机场办理登机就可以，如果需要报销，可以让对方将票据送过来，或者在登机前向航空公司在机场设的售票点领取或自助打印，也可回来后再领取。

（4）网络订购。网络订购是一种快捷、方便、详细、直观、具有可比性的购票方式。凭着这些优势，网络订购被越来越多的人所接受。订票时可登录相关的民航公司网站或网上旅游平台，直接进入机票预订页面，选择好出发地点、目的地、出发时间等，搜寻出相应的航班，并在不同的航班之间比较价格、时间、机型等，再选择最合适的航班，输入乘机人信息。如果需要报销，则应申请寄送票据，也可在登机前向航空公司在机场设的售票点领取或自助打印，然后使用网上银行或信用卡授权付款或移动支付，最后等待出票。网络订购一般的操作步骤如下：

① 进行网上订票前，要遵守《用户购票服务协议》。

② 先进入"航线选择"页面选择航班始发、到达城市及航班日期，然后在"航班选择"页面确定具体的航班、价格、旅客人数。

③ 将乘机人的姓名、有效证件号码及联系人资料在"输入旅客信息"页面提交，确

保输入信息正确,以便航班发生变动时能及时获取通知。

④ 进入"订座完成"页面,确认行程资料无误后,务必在 15 分钟内完成票款支付,否则系统将自动取消交易。

⑤ 成功完成网上支付后,表示购票已经完成,可以在"订票记录"页面里查询出所订票的信息,确认出票成功后,方可退出网上售票系统。

⑥ 若需修改乘机人姓名、退票、修改联系资料等,可以进入"订票记录"页面,依照相关提示进行网上操作。

⑦ 网上订购的机票为电子客票,如需报销,应主动联系购票网站。网站会根据预订受理号允许乘机人在一个月内打印机票。当然,乘机人也可以自行在机场打印机票。

3. 网上预订酒店

网上预订酒店的一般流程如下:登录相关网站,在预订页面输入预订信息,点击"搜索";在显示的信息中选择并点击"预订";在订单信息页面填写个人资料,点击"提交"。预订酒店时,需关注酒店的地理位置、交通情况、价格及网站提供的用户评价。

 成果

根据本任务训练中形成的成果填写订购机票方式特点表(见表 6-4)、机票信息表(见表 6-5)、预订酒店信息表(见表 6-6)、目的地指南表(见表 6-7)和商务旅行必备文件及物品表(见表 6-8)。

表 6-4

订购机票方式特点表

序号	订票方式	特点
1	民航售票处订购	
2	机票代售点订购	
3	电话订购	
4	网络订购	

表 6-5

机票信息表

	航空公司	
起程	航班号	
	起程日期	
	起程时间	
	确认号	
返程	航空公司	
	航班号	
	返程日期	
	返程时间	
	确认号	

表 6-6

预订酒店信息表

酒店名称				
酒店地址				
预订日期				
联系电话				
交通				
旅行网用户评价	优点		缺点	

表 6-7

目的地指南表

内容	
天气（穿衣指南）	
交通	航班 火车
特产	
景点	

表 6-8

商务旅行必备文件及物品表

文件序号	文件名称	携带用品	用品名称
（1）		证　件	
（2）		差旅费	
（3）		日用品	
（4）		常用药	
（5）			

 评价

学生按照本任务的完成情况填写自我评价表,如表 6-9 所示。然后教师进行点评,学生自行做好记录。

表 6-9

自我评价表

序号	内容	完成情况	自我评价 （5 分制）	教师点评
1	预订机票			
2	预订酒店			
3	目的地指南			
4	必备文件及物品			
总点评				

档 案 管 理

　　档案管理是单位管理工作的一部分，是提高单位工作质量和工作效率的必要条件，是维护历史真实面貌的一项重要工作。科学规范的档案管理，是衡量一个单位管理水平的重要尺度。单位档案记载着这个单位发展史上的优秀成果，对研究本单位的业绩和科学发展提供了第一手资料，是进行科学分析，扬长避短，制定发展方向的好教材。

　　档案工作做好了，一方面为单位高层管理人员及时了解单位整体状况，适时调整策略提供准确依据，为决策提供支持性证据；另一方面有利于社会各方肯定成绩，与各有关方面进行有益合作奠定坚实的基础。

任务 7.1 立卷归档

 目的

学会收集档案、分类整理和立卷归档。

 情景

年初,初薇准备将办公桌上办理完毕的文件和计算机中的文档整理一下。初薇忙碌了半天,初步列出了如下的文档清单:

(1) 广州市税务局关于进行税务大检查的通知。

(2)《广州日报》征订通知。

(3) 广州市创建全国文明城市行动纲要。

(4) 广州市天地信息科技有限公司 2017 年第一、二、三、四季度工作简报。

(5) 广州市天地信息科技有限公司关于开除张仁和等 3 名员工的通告。

(6) 广州市天地信息科技有限公司 2017 年行政办公会议记录(共 64 份)。

(7) 流动人口管理规范。

(8) 广州市天地信息科技有限公司迎接税务大检查工作方案。

(9) 广州市税务大检查情况通报。

(10) 广州市天地信息科技有限公司 2017 年员工培训计划。

 方式

个人独立完成。

> **建议:**
> (1) 需要提前准备好清单中所列的文档和卷宗(夹)。
> (2) 上课时,首先对分到的文档进行鉴别,确定其是否需要归档及其保管期限;然后选择文书的组卷方法,为案卷命名;最后将文书放入正确的卷宗内,用卷宗夹夹好。

 指导

办公室工作中处理的大量文书,只有经过系统的组合才能变零散为有序,从而成为档案。立卷归档是文书变成档案的第一步,其程序如下:

1. 确定归档范围

什么文件应当归档,什么文件不需归档,主要取决于这些文件对本单位的保存价值。应当归档的文件通常包括以下几类:

（1）上级下发的与本单位业务有关的文件。

（2）本单位形成的文件。例如，本单位重要会议的文件，重要活动的记录、照片、声像资料；本单位的正式发文；本单位的请示、报告及上级的批复；反映本单位主要业务的报告、总结、工作计划、统计报表、协议合同等；本单位成立、变更、撤销、启用印信及内部组织设立与调整、人事任免等文件材料；本单位历史沿革、大事记、简报、荣誉证书、出版物等；本单位职工劳动工资、福利及职工奖励、处分、信访等方面的材料；财产、物资、档案等交接凭证。

档案法实施办法

（3）下级单位报送的重要的报告、工作计划、总结、典型材料及统计报表、财务报表、法规性备案文件等。

（4）相关文件。例如，普查工作中形成的文件材料；有关业务单位对本单位检查形成的重要文件；相关单位与本单位联系、协商的文件材料等。

> 💬 说明：
>
> 不需要归档的文件通常有：
> - 重复文件。
> - 无查考、保存价值的一般事务性、临时性文件。
> - 上级单位普发的供参阅、不需办理或征求意见的文件材料。
> - 未成文的草稿、历次修改稿、未生效的文件。
> - 摘录的供工作参阅的非证明材料。
> - 无特殊保存价值的信封或普通信件。
> - 单位内部互相抄送的文件。
> - 本单位负责人兼任外单位职务形成的与本单位无关的文件。
> - 不需要贯彻执行或无参考价值的会议材料。
> - 越级或非隶属单位抄送的不需要办理的文件材料。
> - 下级单位送交参阅的简报、情况反映或抄送备案的一般性文件。

2. 确定保管期限

根据档案对本单位、国家和历史研究的查考和利用价值，档案保管期限定为永久、长期和短期 3 种，分别对应无限期、16~50 年、15 年以下。保管期限，通常是从文件产生和形成之后的第二年算起。

3. 选择文书立卷的方法

文书立卷应满足两个基本要求：保持文件之间的联系以及便于保管和利用。常用的是 6 个特征组卷法：

（1）按作者特征组卷。即将同一作者制发的文件组合成案卷。

（2）按问题特征组卷。即将反映同一事件、案件、人物、业务或同一工作性质的文件组成案卷。

（3）按时间特征组卷。即将同一年度或同一时期的文件组合成案卷。

（4）按文件名称特征组卷。即将名称相同或相近的文件组合成案卷。

（5）按通信者特征组卷。即将本单位与某一单位之间就一定问题形成的往复文件组合成案卷。

（6）按地区特征组卷。即将内容涉及同一地区的文件组合成案卷。

在实际工作中,立卷采用的是复式分类法,常用的如"年度—问题—保管期限"分类法。案卷的标题则可采用以下几种结构:作者—问题—名称;作者—时间—名称;作者—时间—问题—名称;通信者—问题—名称;通信者—时间—问题—名称;地区—时间—问题—名称。

 成果

请将本任务的成果填写在表 7-1 中。

表 7-1

文书鉴别登记表

文件名	是否需要归档	保管期限	拟入案卷名称

评价

首先学生根据完成情况进行自我评价,然后教师再作评价,最后学生结合评价结果,把平均分写在下面的横线上。其中,评价点为:准确指出文档是否应归档 3 分;准确指出文档的保管期限 2 分;合理选择立卷方法并为案卷命名 5 分。共 10 分。

综合评价:＿＿＿＿＿＿分

［教师点评］

任务 7.2 装订档案

目的

学会装订档案,并将档案入盒。

情景

经过一番鉴别和整理,初薇初步完成了文书的立卷归档工作。接下来,还需进一步整理,对档案进行装订和入盒。

方式

个人独立完成。

> 建议:
>
> 需要提前准备好文档、废旧资料或试卷,胶水、打孔机、装订针线、卷宗封面、档案盒等。
>
> 有条件的学校,尽量从单位借出若干档案盒、案卷供学生观摩、学习。

指导

装订档案

装订档案的一般步骤是:拟写案卷标题,对卷内文档排列、编号,填写卷内目录与备考表,填写案卷封面,装订,入盒。

排列卷内文档,通常按时间、作者、问题、重要程度与联系程度排列。编号时,每页有字迹的纸张均应编号。卷内目录通常包括顺序号、文号、作者、标题、文件日期、页号、备注等,附在每一本案卷的最前面。备考表是记录案卷构成、变化情况以备查考的简表,一般置于卷末。

案卷装订前,要先去掉文件上易锈蚀的金属钉、回形针等,未留装订线的要补贴加边,残破的文件要修补裱糊,大张的文件要折叠。装订的方法是三孔一线,位于文件左侧,孔距是 7.5 厘米,边距是 3.5 厘米左右。装订的要求是整齐、牢固、不影响阅读。案卷装订的顺序是:案卷封面—卷内文件目录—文件—备考表—封底。

然后,将装订好的案卷按件号顺序装入档案盒,并填写档案盒封面、盒脊及备考表等项目,完成档案的整理工作。

成果

（1）装订案卷至少 1 册并装入档案盒。

（2）装订至少 1 册废旧资料或试卷。

（3）列出卷内文件目录（见表 7-2）、备考表（见表 7-3）和案卷封面（见表 7-4）。

表 7-2

卷内文件目录

顺序号	文号	作者	标题	文件日期	页号	备注

表 7-3

备　考　表

卷内情况说明：

　　　　　　　　　　　　　　　　　　　　　　　　　　　立　卷　人：

　　　　　　　　　　　　　　　　　　　　　　　　　　　检　查　人：

　　　　　　　　　　　　　　　　　　　　　　　　　　　立卷时间：

表 7-4

案 卷 封 面

（全宗名称）	
（类别名称）	
（案卷题名）	

自　　年　月至　　年　月	保管期限	永久
本卷共　　件　　页	归档号	

评价

首先学生根据完成情况进行自我评价,然后教师再作评价,最后学生综合评价结果,把平均分写在下面的横线上。其中,评价点为:排列卷内文档、编号正确,填写卷内目录、备考表、案卷封面齐备、准确,装订规范 5 分;装订废旧资料或试卷整齐、规范 5 分。共 10 分。

综合评价:_____分

［教师点评］

 任务 7.3　整理电子档案

 目的

学会收集和整理电子档案。

 情景

张经理的计算机中了严重病毒,需要对硬盘进行格式化。经过技术人员的一番努力才抢救到部分文档。张经理吩咐初薇立即进行分类整理,以便以后查阅。初薇看了看文档清单,分别有:

(1) 广州市天地信息科技有限公司 2018 年新产品推广计划(初稿)。

(2) 广州市天地信息科技有限公司网络管理办法。

(3) 广州市工商管理局办事指南。

(4) 广州市关于做好流动人员管理的通知。

(5) 广州市天地信息科技有限公司东星分公司开张庆典(数码照片)。

(6) 市委书记 2017 年 12 月视察本公司的讲话录音。

(7) 广州市天地信息科技有限公司客户名录。

(8) 家庭聚会录像片断(视频)。

 方式

个人独立完成。

建议：

教师先将所有待整理的电子文件放在教师机上，并以只读方式共享给学生。学生完成电子文件的逻辑归档后，再上传至教师机指定文件夹，以便教师一一核查。

指导

随着现代技术手段的迅速发展和无纸化办公的全面推行，电子文档在现代办公中扮演着越来越重要的角色。面对浩繁的电子文档，必须及时、科学地加以整理，才能实现快捷检索、高效利用。

电子文件归档与电子档案管理办法

1. 电子文件管理的基本原则

（1）统一管理。对电子文件管理工作实行"统筹规划、统一管理"制度，对具有保存价值的电子文件实行集中管理。

（2）全程管理。对电子文件形成、办理、传输、保存、利用、销毁等实行全过程管理，确保电子文件始终处于受控状态。

（3）规范标准。制订统一标准和规范，对电子文件实行规范化管理。

（4）便于利用。发挥电子文件高效、便捷的优势，对有价值的电子文件提供分层次、分类别共享应用。

（5）安全保密。按照国家有关法律法规和规范标准的要求，采取有效技术手段和管理措施，确保电子文件信息安全。

2. 收集电子文件

归档的范围主要是：电子公文及其附件（归档范围和保管期限同纸质公文），电子公文文件处理单以及领导审阅签署的重要意见，电子公文的电子签名，电子档案的软硬件系统设备材料，记录重要文件主要修改过程和办理情况的日志文件，有查考价值的电子文件定稿、数据文件、图表文件、图形图像文件、影像文件、声音文件，软件开发活动中形成的程序文件，为实现全文检索而制作的纸质档案的电子版本等。在对电子文件进行整理、归档前，先要检查其真实性、有效性、完整性，检测其信息记录格式、有无病毒感染等，然后划分其保管期限。

3. 对电子文件进行分类整理

将零散的、杂乱的电子文件加以标引、组合，使之有序化，并为每一类电子文件建立一个文件夹。电子文件通常分为文本文件、图像文件等几类，代码分别是 T（文本文件）、I（图像文件）、G（图形文件）、V（影像文件）、A（声音文件）、M（多媒体文件）、P（程序文件）、D（数据文件）。

4. 对电子文件进行编号与命名

命名的方法可以是：类别代码—时间—流水号—简略文件名。如 2018 年 7 月 4 日使用的关于安全生产的培训课件，可命名为"M20180704001 安全生产培训课件"。

5. 编制索引目录

利用 Excel 等软件编制索引目录，通常包括序号、文号、作者、标题、文件日期、编号等信息。在标题或编号上,可加上指向相应电子文件的超级链接以方便查阅。

上述 4 个步骤是电子文件的逻辑归档,应坚持实时进行,以免文件丢失或被病毒破坏。

6. 归档

将电子文件及其索引目录拷贝至耐久性的脱机载体上(物理归档,可定期进行),一式三套,一套封存保管,一套供查阅使用,一套异地保存。推荐采用的载体,按优先顺序分别是:只读光盘、一次写入式光盘、磁带、可擦写光盘、硬磁盘等。不能用软磁盘做归档电子文件长期保存的载体。归档后的电子文件载体应当设置成禁止操作的状态。存储电子文件的载体或包装盒上应贴有标签,标签内填写编号、题名、保管期限、硬件及软件环境等。

原电子文件数据载体在完成电子文件归档后,保留时间至少 1 年。

 成果

(1) 在计算机上完成电子文件的逻辑归档。

(2) 填写某一类别电子档案的索引目录表(见表 7–5)。

表 7–5

电子档案索引目录表

序号	文号	作者	编号	标题	文件日期

 评价

首先学生根据完成情况进行自我评价,然后教师再作评价,最后学生综合评价结果,把平均分写在下面的横线上。其中,评价点为:判定电子档案收集范围正确 2 分;分类整理编号命名正确 4 分;编制索引目录及超链接正确、可快速查阅文件 2 分;填写索引目录表准确、完整 2 分。共 10 分。

综合评价:＿＿＿＿＿分

［教师点评］

劳动合同管理

劳动合同是劳动者与用人单位确立劳动关系、明确双方权利和义务的协议。凡是被企业录用的劳动者,不论是工人、管理人员还是技术人员,自企业用工之日起即建立劳动关系,都必须订立书面劳动合同。

劳动合同管理是指根据国家法律、法规和政策的要求,运用组织、指挥、协调、实施职能对合同的订立、履行、变更、解除、终止等全过程的行为所进行的一系列管理工作的总称。劳动合同管理是人力资源管理中重要的环节。加强劳动合同管理,提高劳动合同的履约率,对于提高劳动者的绩效,激发劳动者的积极性,维护和谐的劳动关系,促进企业的健康发展具有十分重要的意义。

任务 8.1 订立劳动合同

 目的

按工作流程办理新员工订立劳动合同,归档管理。

 情景

广州市天地信息科技有限公司准备在应届毕业生中招聘行政部统计员和财务部出纳员各一名。其情景如图 8-1 所示。

图 8-1 招聘新员工

新员工的职工薪酬待遇是:

(1) 合同期限为 2018 年 3 月 1 日起计算 3 年,试用期 6 个月。

(2) 每月 25 日发放当月工资,包括月基本工资 4 000 元及相关福利。试用期工资为月基本工资的 80%,无职工福利。

(3) 每天工作 8 小时。

(4) 提供"五险一金"。

(5) 提供伙食补助、交通补助、通信费补助等。

 方式

五人一组,分别扮演公司张经理、初薇、行政部主任,以及应聘的统计员和出纳员。

建议:

　　需要提前准备好诚信承诺书、与任何用人单位不存在劳动关系的证明、劳动合同文本、电子文档台账、劳动合同文本签收表、单位公章。

 指导

劳动合同的
订立

　　1. 劳动合同种类

　　在订立劳动合同时,只要企业与职工双方协商一致,即可订立有固定期限劳动合同、无固定期限劳动合同或以完成一定工作为期限的劳动合同。

　　(1) 固定期限劳动合同,是指用人单位与劳动者约定合同终止时间的劳动合同。

　　(2) 无固定期限劳动合同,是指用人单位与劳动者约定无确定终止时间的劳动合同。

　　(3) 以完成一定工作为期限的劳动合同,是指用人单位与劳动者约定以某项工作的完成为合同期限的劳动合同。

　　2. 劳动合同必须具备的主要条款

　　(1) 用人单位的名称、住所和法定代表人或者主要负责人。

　　(2) 劳动者名称、住所和身份证或者其他有效身份证件号码。

　　(3) 劳动合同期限。

　　(4) 工作内容和工作地点。

　　(5) 工作时间和休息休假。

　　(6) 劳动报酬。

　　(7) 社会保险。

　　(8) 劳动保护、劳动条件和职业危害防护。

　　(9) 法律、法规规定应当纳入劳动合同的其他事项。

　　除以上必备条款外,用人单位与劳动者还可以在劳动合同中约定试用期、培训、保守秘密、补充保险、福利待遇等其他事项。

　　劳动合同文本经用人单位与劳动者签字或者盖章后立即生效。

　　3. 订立劳动合同的工作步骤

　　(1) 员工到企业报到后,要查验该员工"与任何单位不存在劳动关系的凭证",如失业证或就业报到证或终止(解除)劳动合同证明书。

　　(2) 将一式两份的《劳动合同》(各地区有劳动合同范本),连同诚信承诺书送达员工本人,该员工阅读后在规定的位置签名,签名应当规范,字迹必须清晰。

　　(3) 员工在劳动合同文本签名后,应将该员工的劳动合同文本送企业负责人(或委托代理人)签名。然后,制作该员工的劳动合同变动登记台账电子版,连同"与任何单位不存在劳动关系的凭证"报送到行政部或人力资源部办理劳动合同审核盖章。

　　经书面通知后,员工若不与企业订立书面劳动合同,应按程序书面通知该员工终止劳动关系,不得因无书面劳动合同而形成事实劳动关系。

　　(4) 劳动合同文本盖章齐全后,必须在员工报到之日起 15 天内办理完劳动用工备案、申领《就业失业手册》,以及购买各种社会保险等手续。一份劳动合同文本发给员工本人保存,并在"劳动合同签收公示表"上签名确认,签名字迹必须清晰。员工签名确认后的"劳动合同签收公示表"要在公开场所公示(一般 5 天)。另一份劳动合同文本、诚信承诺书、《就业失业手册》和公示后的"劳动合同签收公示表"归档保管。

 成果

填写"订立劳动合同工作流程表"(见表 8–1)。

表 8–1

订立劳动合同工作流程表

工作人员	工作环节	涉及文本材料
财经文员		
财经文员与统计员		
财经文员与出纳员		
财经文员与部门经理		

 评价

学生根据本任务的完成情况进行自我评价,填写表 8–2。然后教师进行点评,学生自行做好记录。

表 8–2

评　价　表

编号	评价内容	自我评价 (5 分制)	教师点评
1	劳动合同文本材料的完整性、准确性		
2	劳动合同条款的合法性、合理性		
3	劳动合同订立流程的可行性		
总点评			

 任务 8.2　变更劳动合同

 目的

按工作流程办理岗位变动的变更劳动合同,并进行归档管理。

情景

　　张经理宣布,提升方正为研发部主任。其情景如图 8-2 所示。方正的岗位工资由 6 000 元调整为 8 000 元;交通补助由 900 元调整为 1 200 元;通信费补助由 300 元调整为 500 元。

　　方正原劳动合同在 2015 年 1 月 5 日签订,合同期限为 2015 年 1 月 5 日至 2018 年 1 月 4 日。

图 8-2　办理劳动合同的变更

方式

　　两人一组,分别扮演初薇和方正。

　　建议:

　　需要提前准备好变更劳动合同协议书、电子文档台账、劳动合同文本签收表、单位公章等。

指导

　　劳动合同的变更是指劳动合同依法订立后,在合同尚未履行或尚未履行完毕前,经用人单位和劳动者双方当事人协商同意,对劳动合同内容作部分修改、补充或者删减的法律行为。

　　劳动合同的变更是原劳动合同的派生,是双方已存在的劳动权利义务关系的发展。换言之,原劳动合同未变更的部分仍然有效,变更后的内容就取代了原合同的相关内容,新达成的变更协议条款与原合同中其他条款具有同等法律效力,对双方当事人都有约束力。

劳动合同的
履行和变更

　　在调岗员工到达新岗位报到后,该员工要签署《变更劳动合同协议书》一式两份,若属竞业限制的工作岗位应同时签署《竞业限制协议书》一式两份。

　　变更劳动合同工作步骤如下:

　　(1)将《变更劳动合同协议书》送达到调岗员工,由该员工本人在《变更劳动合同协议书》签名确认,签名应当规范,字迹必须清晰。

　　(2)调岗员工签名确认后,将《变更劳动合同协议书》交给法定代表人或委托代理人签名。

　　(3)把《变更劳动合同协议书》交到行政部或人力资源部审核盖章。一份《变更劳动合同协议书》交给调岗员工保存,该员工应在劳动合同文本签收表上签名确认。另一份《变更劳动合同协议书》和劳动合同文本签收表由企业行政部或人力资源部归档保管。

成果

　　填写"变更劳动合同工作流程表"(见表 8-3)。

表 8-3

变更劳动合同工作流程表

工作人员	工作环节	涉及文本材料
财经文员		
财经文员与研发部主任		
财经文员与行政部主任		
财经文员与研发部主任		
财经文员		

 评价

学生根据本任务的完成情况进行自我评价,填写表 8-4。然后教师进行点评,学生自行做好记录。

表 8-4

评 价 表

序号	评价内容	自我评价（5分制）	教师点评
1	工作流程是否合规		
2	变更内容是否合法		
总点评			

任务 8.3 续订劳动合同

 目的

按工作流程办理续订劳动合同,并进行归档管理。

 情景

2018 年 1 月 4 日,广州市天地信息科技有限公司与职工签署的劳动合同期满,需要续订劳动合同。其情景如图 8-3 所示。

老王,赶快回来。公司要跟我们续合同呢!

图 8-3 续订劳动合同

方式

三人一组,分别扮演初薇、行政部主任和续订劳动合同员工 1 名。

> 建议:
> 需要提前准备好续订劳动合同协议书、电子文档台账、劳动合同签收公示表、单位公章等。

指导

续订劳动合同工作步骤如下:

(1) 企业在员工劳动合同期满前(一般 30 天)提出拟同意续订劳动合同的书面通知,填写该员工延续劳动合同协议书一式两份。

劳动合同
续签通知书

(2) 将延续劳动合同协议书送达续订员工本人,由员工本人在延续劳动合同协议书上签名。签名应当规范、字迹必须清晰。员工收到延续劳动合同协议书应在规定时间内(一般 5 天)做出是否续订劳动合同的决定,逾期不答复视为因员工个人原因不同意与单位续订劳动合同。

(3) 若续订员工不签名的,要及时报告主管领导并处理,不得在劳动合同期满后形成事实劳动关系。若续订员工签名后,则要将延续劳动合同协议书交给企业负责人或委托代理人签名。

(4) "延续劳动合同协议书、电子文档台账"送行政部或人力资源部审核盖章。一份延续劳动合同协议书送续订员工保存,并在劳动合同签收公示表上签名确认,签名应当规范、字迹必须清晰。该员工签名确认后的劳动合同签收公示表要在公开场所公示(一般 5 天)。另一份延续劳动合同协议书、劳动合同签收公示表由行政部或人力资源部归档保管。

成果

填写"续订劳动合同工作流程表"(见表 8-5)。

表 8-5

续订劳动合同工作流程表

工作人员	工作环节	涉及文本材料
财经文员		
财经文员与续订合同员工		
财经文员与行政部主任		
财经文员与续订合同员工		
财经文员		

评价

　　学生根据本任务的完成情况进行自我评价,填写表 8-6。然后教师进行点评,学生自行做好记录。

表 8-6

评　价　表

序号	评价内容	自我评价 (5 分制)	教师点评
1	工作流程是否合规		
2	续订内容是否合法		
总点评			

 任务 8.4　终止劳动合同

 目的

　　按工作流程办理终止劳动合同,并进行归档管理。

 情景

　　广州市天地信息科技有限公司物流部林国伦劳动合同期满,提出终止劳动合同。其情景如图 8-4 所示。

图 8-4　办理终止劳动合同

　　林国伦原劳动合同资料如下:

　　(1) 劳动合同期限为 2015 年 1 月 5 日至 2018 年 1 月 4 日。

(2) 工作岗位：仓管员。

(3) 社会保险编码：单位为 020123456789098；个人为 440190860912。

(4) 身份证号码：440103197603140596。

 方式

三人一组，分别扮演初薇、行政部主任和林国伦。

> 建议：
> 需要提前准备好员工终止合同申请书、终止劳动合同证明书、单位公章等。

 指导

终止劳动合同工作步骤如下：

(1) 劳动合同期限届满前，员工本人以书面申请通知单位要求终止劳动合同。

(2) 行政部或人力资源部提出相关意见报员工主管领导批准。

(3) 在劳动合同期满前，需将员工个人材料复印件、电子文档台账、费用表格、请示文件报行政部或人力资源部。

(4) 行政部或人力资源部审定材料，并报单位负责人批准后出具《终止劳动合同证明书》。

(5) 通知终止合同员工办理工作移交手续，并为该员工办理费用结算（需要在终止劳动合同当日办理完毕）、停止缴纳社会保险及人事档案移交等手续。

(6) 终止合同员工与单位的所有关系清算完毕后，通知该员工在《终止劳动合同证明书》上签收，并发还《就业失业手册》给该员工本人签收。

(7) 终止合同员工凭上述签收材料自行到政府劳动部门办理相关手续。

劳动合同的
解除和终止

 成果

填写"终止劳动合同工作流程表"（见表 8-7）。

表 8-7

终止劳动合同工作流程表

工作人员	工作环节	涉及材料
离职员工		
财经文员与行政部主任		
财经文员与离职员工		
财经文员		

评价

　　学生根据本任务的完成情况进行自我评价,填写表 8-8。然后教师进行点评,学生自行做好记录。

表 8-8

评　价　表

编号	评价内容	自我评价 (5 分制)	教师点评
1	工作流程是否合规		
2	终止手续是否齐全		
总点评			

职工薪酬管理

职工薪酬是指企业为获得职工提供的服务而给予职工的各种形式的报酬以及其他相关支出,包括职工在职期间或离职后,企业提供给职工的全部货币性薪酬和非货币性福利。企业提供给职工配偶、子女或其他被赡养人的福利等,也属于职工薪酬。

我国现行法规规定,职工薪酬包括:①职工工资、奖金、津贴和补贴;②职工福利费;③基本养老、基本医疗、失业、工伤、生育等社会保险费;④住房公积金;⑤工会经费和职工教育经费;⑥非货币性福利;⑦因解除与职工的劳动关系给予的补偿;⑧其他与获得职工提供的服务相关的支出。

在企业实际工作中,职工薪酬管理是由办公文员与财务部门的出纳和会计共同完成的,具体分工如图9-1所示。

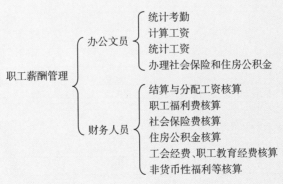

图9-1　职工薪酬管理的分工

任务9.1 计算工资

目的

根据考勤统计表、产量统计表等资料,依据国家相关法规要求,计算每位职工工资,编制工资结算表。

情景

2018年2月3日,初薇催促各部门上传1月份的考勤表和产量统计表,以便计算1月份工资。其情景如图9-2所示。

方式

个人独立完成。

您好!请尽快上传考勤表和产量统计表给我。谢谢!

图9-2 初薇催收考勤表和产量统计表

建议:

为计算工资,需要准备的资料有:广州市天地信息科技有限公司考勤表(见表9-1)、计件产量统计表(见表9-2)、奖金计算表(见表9-3)、社会保险费和住房公积金缴存计算表(见表9-4)。

表9-1

广州市天地信息科技有限公司考勤表

部门:工程部　　　　　　　　　　2018年1月　　　　　　　　　　单位:天

姓名	人员类别	缺勤情况						休息日加班	夜班
		事假	病假	婚假	产假	丧假	工伤		
1. 李　盛	部门经理		2					0.25	2
2. 陈　刚	统计员	1				3			
3. 王允平	工程师							0.5	5
4. 张卫华	技术工人		1						5
5. 邓昆磊	技术工人								4
6. 王　玉	技术工人								8
7. 郭思东	技术工人								3
8. 廖伟明	技术工人								3
9. 林卫生	技术工人								3
10. 卢丽芳	技术工人								
合计		1	3			3		0.75	33

填表人:陈刚

表 9-2

广州市天地信息科技有限公司计件产量统计表

部门：工程部　　　　　　　　　2018 年 1 月

姓名	1#机件（个）	2#配件（套）
郭思东	1 250	1 300
廖伟明	1 230	1 310
林卫生	1 250	1 360
卢丽芳	1 280	1 350
合计	5 010	5 320

填表人：陈刚

注：郭思东、廖伟明、林卫生和卢丽芳实行计件工资，其他部门资料略。

表 9-3

广州市天地信息科技有限公司奖金计算表

部门：工程部　　　　　　　　　2018 年 1 月

姓名	全勤奖	安全奖	质量奖	节约奖	合计
1. 李　盛		400.00			400.00
2. 陈　刚		200.00			200.00
3. 王允平	100.00	300.00	600.00		1 000.00
4. 张卫华		200.00	500.00	100.00	800.00
5. 邓昆磊	100.00	200.00	580.00	150.00	1 030.00
6. 王　玉	100.00	200.00	500.00	100.00	900.00
7. 郭思东	100.00	200.00	500.00	50.00	850.00
8. 廖伟明	100.00	200.00	500.00	50.00	850.00
9. 林卫生	100.00	200.00	450.00	60.00	810.00
10. 卢丽芳	100.00	200.00	450.00	50.00	800.00
合计	700.00	2 300.00	4 080.00	560.00	7 640.00

填表人：陈刚

表 9-4

广州市天地信息科技有限公司工程部社会保险费和住房公积金缴存计算表

2018 年 1 月

部门：工程部

序号	姓名	缴费工资	个人缴存					单位缴存						
			基本养老保险(8%)	基本医疗保险(2%)	失业保险(0.20%)	社保小计	住房公积金(12%)	基本养老保险(20%)	基本医疗保险(7%)	失业保险(0.64%)	工伤保险(0.40%)	生育保险(0.85%)	社保小计	住房公积金(12%)
1	李 盛	9 235.00	738.80	184.70	18.47	941.97	1 108.20	1 847.00	646.45	59.10	36.94	78.50	2 667.99	1 108.20
2	陈 刚	8 871.00	709.68	177.42	17.74	904.84	1 064.52	1 774.20	620.97	56.77	35.48	75.40	2 562.82	1 064.52
3	王允平	11 235.00	898.80	224.70	22.47	1 145.97	1 348.20	2 247.00	786.45	71.90	44.94	95.50	3 245.79	1 348.20
4	张卫华	8 562.00	684.96	171.24	17.12	873.32	1 027.44	1 712.40	599.34	54.80	34.25	72.78	2 473.56	1 027.44
5	邓昆磊	8 112.00	648.96	162.24	16.22	827.42	973.44	1 622.40	567.84	51.92	32.45	68.95	2 343.56	973.44
6	王 玉	8 524.00	681.92	170.48	17.05	869.45	1 022.88	1 704.80	596.68	54.55	34.10	72.45	2 462.58	1 022.88
7	郭思东	8 821.00	705.68	176.42	17.64	899.74	1 058.52	1 764.20	617.47	56.45	35.28	74.98	2 548.38	1 058.52
8	廖伟明	8 512.00	680.96	170.24	17.02	868.22	1 021.44	1 702.40	595.84	54.48	34.05	72.35	2 459.12	1 021.44
9	林卫生	8 060.00	644.80	161.20	16.12	822.12	967.20	1 612.00	564.20	51.58	32.24	68.51	2 328.53	967.20
10	卢丽芳	9 120.00	729.60	182.40	18.24	930.24	1 094.40	1 824.00	638.40	58.37	36.48	77.52	2 634.77	1 094.40
合计		89 052.00	7 124.16	1 781.04	178.09	9 083.29	10 686.24	17 810.40	6 233.64	569.92	356.21	756.94	25 727.10	10 686.24

指导

1. 工资总额的内容

工资总额是指企业在一定时期内支付给全体职工的劳动报酬总额。按照国家统计局《关于工资总额组成的规定》,工资总额包括以下 6 项内容。

(1) 计时工资是指按工资标准和工作时间支付职工的劳动报酬。计时工资的形式有支付给职工的基础工资或岗位(职务)工资、对已完成工作按计时工资标准支付的工资、对新入职职工支付的见习期工资等。

(2) 计件工资是指按已完成工作量和计件单价支付职工的劳动报酬。计件工资的形式有按工作任务包干支付给职工工资、按营业额或利润额提成支付给职工工资、按完成的产量实行无限计件、限额计件、超额累计计件等。

(3) 奖金主要是指支付给职工超额劳动或增收节支的劳动报酬,如安全奖、质量奖、超产奖、提前竣工奖、材料节约奖等。

(4) 津贴和补贴是指为补偿职工特殊或额外劳动消耗和其他原因支付给职工的工资,主要有高温作业津贴、井下津贴、夜班津贴、工人技师津贴、工龄津贴、卫生防疫津贴、在有毒有害特殊环境工作的津贴等。

(5) 加班工资是指支付给职工超过法定工作时间的劳动报酬。它是根据《中华人民共和国劳动法》的有关规定计算出来的。

(6) 政策性假期工资是指根据国家法律、法规和政策规定享受假期时,按原计时工资标准或这一标准的一定比例支付的工资,如疾病、工伤、产假、计划生育假、婚假、丧假、探亲假、服兵役、脱产学习、带薪休假等支付的工资。

2. 计件工资

计件工资是指按照合格产品的数量和预先规定的计件单位来计算的工资。它不直接用劳动时间来计量劳动报酬,而是用一定时间内的劳动成果来计算劳动报酬。

$$个人计件工资 = \sum (产品计件单价 \times 本月合格品产量)$$

3. 加班加点工资

加班加点工资是指职工在法定节假日、公休日加班加点,或在规定的制度工作时间以外工作时发给的劳动报酬。按现行劳动法规定,安排劳动者延长工作时间的,应按工资基数的 150% 支付加班工资;公休日安排劳动者工作又不能安排补休的,按工资基数的 200% 支付加班工资;在法定节日加班的,按工资基数的 300% 支付加班工资。

说明:

● 计算加班工资的基数应以按劳动合同约定的劳动者本人的工资标准确定。劳动合同没有约定,按集体合同约定的加班工资基数确定;劳动合同、集体合同均未约定的,按劳动者本人正常劳动应得的工资确定。

职工带薪
年休假条例

4. 病假工资

职工病假工资是指劳动者本人因患病或非因工负伤,需要停止工作医疗时,企业根据劳动者本人实际参加工作年限和在本单位工作年限给予一定的医疗假期期间的病假工资。假设广州市天地信息科技有限公司参照《广州市职工患病或非因工负伤医疗期间期管理实施办法》,制定了适合本企业职工享受的疾病津贴(病假待遇)标准如下:

(1) 对在 12 个月内病假累计不满 6 个月的职工,本年的病假工资,以上年度本人月均工资为基数,如超过上年度市属职工月均工资,则以上年度市属职工月均工资为基数,连续工龄不满 5 年,按 45% 计发;满 5 年不满 10 年,按 50% 计发;满 10 年不满 20 年,按 55% 计发;满 20 年及以上,按 60% 计发。

(2) 对在 12 个月内病假累计满 6 个月及以上的职工,本年的疾病救济费,以上年度本人月均工资为基数(如超过上年度市属职工月均工资,则以上年度市属职工月均工资为基数),连续工龄不满 10 年,按 40% 计发;满 10 年不满 20 年,按 45% 计发;满 20 年及以上,按 50% 计发。

按上述标准计发病假待遇后,如低于本市规定的最低工资标准 80% 的,需给予补足;如超过本人本年正常上班月(日)均工资收入的,按本人本年正常上班的工资收入的 80% 计发。

(3) 职工患病或非因工负伤确需停工治疗时,企业根据本人实际工作年限和本单位工作年限给予 3 个月至 36 个月的医疗期。具体规定如下:

① 实际工作年限 10 年以下(含 10 年)的,在本单位工作年限 5 年以下(含 5 年)的为 3 个月;5 年以上的为 6 个月。

② 实际工作年限 10 年以上的,在本单位工作年限 5 年以下(含 5 年)的为 6 个月;5 年以上 10 年以下(含 10 年)的为 9 个月;10 年以上 15 年以下(含 15 年)的为 12 个月;15 年以上 20 年以下(含 20 年)的为 18 个月;20 年以上 30 年以下(含 30 年)的为 24 个月;30 年以上的为 36 个月。

病假工资的计算,首先要确定两个变量,一是病假工资的计算基数,即上年度本人月均工资。二是病假工资的计算期限,现行制度规定在 3~36 个月。其计算公式如下:

$$病假工资 = 病假计算基数 \times 病假计算期限$$
$$= 上年度日均工资 \times 病假天数 \times (1- 病假工资计发比例)$$

5. 事假工资

员工因个人或家庭原因需要请假的可以请事假,事假为无薪假,事假以天或小时为计算单位。员工请事假每天的扣薪标准是:月工资 /21.75 天[(365 天 –104 天)÷ 12 个月];员工请事假每小时的扣薪标准是:月工资 /21.75 天 /8 小时。

6. 社会保险费

社会保险费是指由用人单位及其职工和以个人身份参加社会保险并缴纳的社会保险费,包括基本养老保险费、基本医疗保险费、工伤保险费、失业保险费和生育保险费。其中,用人单位需缴纳的社会保险费包括基本养老保险基金、基本医疗保险基金、工伤保险基金、失业保险基金和生育保险基金;职工需缴纳基本养老保险费、基本医疗保险费和失业保险费。

（1）基本养老保险。基本养老保险是由国家通过立法强制实行，保证劳动者在年老丧失劳动能力时，给予基本生活保障的制度。它由基础养老金和个人账户养老金两部分组成。我国目前采用社会统筹与个人账户相结合方式，保险费由单位和职工共同负担。在广州市，企业社会统筹部分缴费比例为缴费工资基数的14%，职工个人缴费费率为8%。缴费工资基数的计算公式如下：

$$缴费工资基数 = 上一年度职工个人月平均工资 × 缴费基数标准$$

其中，基本养老保险的最低缴费基数标准为40%。例如，2017年广州市城镇非私营单位就业人员月平均工资为9 954.00元。

> 💮 说明：
>
> ● 养老金个人账户是职工个人在工作期间为退休后养老积蓄的资金，是基本养老保险待遇的重要组成部分，是国家强制缴存的，退休前个人不得提前支取。

（2）基本医疗保险。基本医疗保险是为补偿劳动者因疾病风险造成的经济损失而建立的一项社会保险制度。基本医疗保险由社会统筹使用的统筹基金和个人专项使用的个人账户基金组成。在广州，企业社会统筹部分缴费比例为缴费工资基数的5.5%，职工个人缴费费率为2%。基本医疗保险的最低缴费基数标准为60%。

个人缴费全部划入个人账户，单位缴费按30%左右划入个人账户，其余部分建立统筹基金。个人账户专项用于本人医疗费用支出，可以结转使用和继承，个人账户的本金和利息归个人所有。

（3）失业保险。失业保险是指国家通过立法强制实行的，由社会集中建立基金，对因失业而暂时中断生活来源的劳动者提供物质帮助进而保障失业人员失业期间的基本生活，促进其再就业的制度。在广州，失业保险主要由单位按照缴费工资基数的0.48%、0.64%、0.8%三个档次选择缴纳，职工个人缴费费率为0.2%。失业保险的最低缴费基数标准为40%。

（4）工伤保险。工伤保险又称职业伤害保险，是指劳动者在工作中或在规定的特殊情况下，遭受意外伤害或患职业病导致暂时或永久丧失劳动能力以及死亡时，劳动者或其遗属从国家和社会获得物质帮助的一种社会保险制度。工伤保险主要由单位按照缴费工资基数的0.2%、0.4%、0.7%、0.9%、1.1%、1.2%、1.3%、1.4%八个档次选择缴纳，个人不缴费，其最低缴费基数标准为60%。

（5）生育保险。生育保险是通过国家立法，在职业妇女因生育子女而生育保险暂时中断劳动时由国家和社会及时给予生活保障和物质帮助的一项社会保险制度。生育保险主要由单位按照缴费工资基数的0.85%缴纳，个人不缴费，其最低缴费基数标准为60%。

> 💮 说明：
>
> ● 从2019年7月1日起，广州市城镇职工基本养老保险费缴费基数上限为19 014元，下限为3 803元；基本医疗保险、工伤保险、失业保险、生育保险的缴费基数上限为27 960元，基本医疗保险和生育保险的缴费基数下限为5 592元，工伤保险和失业保险的缴费基数下限为2 100元。

7. 住房公积金

住房公积金是职工按规定存储起来的专项用于住房消费支出的个人住房储金,由两部分组成,一部分由职工所在单位缴存,另一部分由职工个人缴存。职工个人缴存部分由单位代扣后,连同单位缴存部分一并缴存到住房公积金个人账户内。住房公积金由单位与职工分别按照上一年度职工个人月平均工资的 5%~12% 缴存,其最高缴费基数标准为 300%。

8. 个人所得税

个人所得税

税率

个人所得税是对我国公民、居民来源于我国境内外的一切所得和非我国居民来源于我国境内的所得征收的一种税。我国现行的个人所得税采用综合所得税制,即对纳税人在一定时期内取得的各种来源和各种形式的收入加总,减除各种法定的扣除额后,按统一的税率征收。其中,对工资、薪金所得总额扣除定额费用 5 000 元(6 万元 1 年)及社会保险费、住房公积金等后,实行 3%~45% 的 7 级超额累进税率。同时,现行个人所得税法规定:支付个人应纳税所得的企业为个人所得税的扣缴义务人。因此,企业每月计算职工工资、薪金时必须正确计算每一职工的所得税额,在纳税期限内履行扣缴义务。工资、薪金所得采用每月预扣预缴,次年统算多退少补的计算方法,个人所得税税率表如表 9-5 所示。

表 9-5

个人所得税税率表(综合所得适用)

级数	全年应纳税所得额	税率(%)	速算扣除数
1	不超过 36 000 元的部分	3	0
2	超过 36 000 元至 144 000 元的部分	10	2 520
3	超过 144 000 元至 300 000 元的部分	20	16 920
4	超过 300 000 元至 420 000 元的部分	25	31 920
5	超过 420 000 元至 660 000 元的部分	30	52 920
6	超过 660 000 至元 960 000 元的部分	35	85 920
7	超过 960 000 元的部分	45	181 920

注:本表所称全年应纳税所得额是指居民个人取得综合所得以每一纳税年度收入额减除费用 60 000 元,以及专项扣除、专项附加扣除和依法确定的其他扣除后的余额。

9. 计算职工工资

$$日工资 = \frac{月工资标准}{月计薪天数}$$

计时工资 = 月标准工资 −(事假扣款 + 病假扣款)

应付工资 = 计时工资 + 计件工资 + 加班工资 + 奖金 + 津贴

应交个人所得税 = 应税工资 × 适用税率 − 速算扣除数

应税工资 = 应付工资 − 定额扣除费 − 社会保险费个人缴存额 − 住房公积金个人缴存额(当应税工资≤0,不用缴纳个人所得税)

实发工资 = 应付工资 − 代扣款项

其中,代扣款项包括社会保险费和住房公积金个人缴存额,以及应交个人所得税。

 成果

根据计算工资工作流程,按顺序填写表 9-6~ 表 9-10。

表 9-6

广州市天地信息科技有限公司计时工资计算表

部门:工程部　　　　　　　　　　　　　2018 年 1 月　　　　　　　　　　单位:元

| 姓名 | 月标准工资 | 日工资 | 事假扣款 | | 病假扣款 | | | | | 合计 |
			天数	金额	2017 年日工资	工龄(年)	天数	扣款比例	金额	
1. 李　盛	8 300.00				372.41	12				
2. 陈　刚	7 700.00				354.02	16				
3. 王允平	15 000.00				551.72	3				
4. 张卫华	7 600.00				340.23	6				
5. 邓昆磊	7 200.00				321.84	4				
6. 王　玉	7 400.00				331.03	5				
7. 郭思东	7 400.00				331.03	1				
8. 廖伟明	7 400.00				331.03	1				
9. 林卫生	7 400.00				331.03	1				
10. 卢丽芳	7 400.00				331.03	1				
合计										

制表人:

表 9-7

广州市天地信息科技有限公司计件工资计算表

部门:工程部　　　　　　　　　　　　　2018 年 1 月　　　　　　　　　　单位:元

| 姓名 | 1# 机件(单价 11.00 元 / 个) | | 2# 配件(单价 16.50 元 / 套) | | 合计 |
	产量	金额	产量	金额	
合计					

制表人:

表 9–8

广州市天地信息科技有限公司加班工资和津贴计算表

部门:工程部　　　　　　　　　　　　年　月　　　　　　　　　单位:元

姓名	日工资	延时加班 （　%）		休息日加班 （　%）		法定节假日加班 （　%）		夜班津贴 （30.00 元 / 晚）	
		小时	金额	天数	金额	天数	金额	天数	金额
1. 李　盛									
2. 陈　刚									
3. 王允平									
4. 张卫华									
5. 邓昆磊									
6. 王　玉									
7. 郭思东									
8. 廖伟明									
9. 林卫生									
10. 卢丽芳									
合　计									

填表人:

表 9–9

广州市天地信息科技有限公司个人所得税计算表

部门:工程部　　　　　　　　　　　　年　月　　　　　　　　　单位:元

姓名	应付工资	扣除数额					应税工资	税率	速算扣除数	应纳税额
		定额扣除费	基本养老保险	基本医疗保险	失业保险	住房公积金				
1. 李　盛										
2. 陈　刚										
3. 王允平										
4. 张卫华										
5. 邓昆磊										
6. 王　玉										
7. 郭思东										
8. 廖伟明										
9. 林卫生										
10. 卢丽芳										
合　计										

制表人:

注:王允平为香港籍特聘技术员,定额扣除费按 4 800.00 元计算。

表 9–10

广州市天地信息科技有限公司工资结算表

车间：工程部

年　月

单位：元

姓名	日工资	计时工资	计件工资	奖金				夜班津贴	加班工资			应付工资	代扣款项					实发工资	签名
				全勤奖	安全奖	质量奖	节约奖		延长工作加班	休息日加班	节假日加班		基本养老保险	基本医疗保险	失业保险	住房公积金	个人所得税		
1. 李　盛																			
2. 陈　刚																			
3. 王允平																			
4. 张卫华																			
5. 邓昆磊																			
6. 王　玉																			
7. 郭思东																			
8. 廖伟明																			
9. 林卫生																			
10. 卢丽芳																			
合计																			

审核人：

制表人：

评价

　　学生根据各种工资表格的编制情况进行自我评价,填写表 9-11。然后教师进行点评,学生自行做好记录。

表 9-11

评　价　表

评价项目	自我评价 (5 分制)	教师点评
计时工资计算表		
计件工资计算表		
加班工资、津贴计算表		
个人所得税计算表		
工资结算表		
总点评		

 任务 9.2　统计工资

 目的

　　劳动工资统计报表,简称劳资报表。它是国家征收"五险一金"的重要依据。因此,本任务的目的是:学会编制劳动工资统计报表。

 情景

　　2 月 10 日,广州市天地信息科技有限公司到期上交 1 月份统计报表。初薇正在编制工资统计报表,其情景如图 9-3 所示。

图 9-3　初薇编制劳动工资统计报表

方式

个人独立完成。

 指导

（1）单位从业人员劳动报酬是指各单位在一定时期内直接支付给本单位全部职工的劳动报酬总额，包括在岗职工工资总额和其他从业人员劳动报酬。

（2）在岗职工工资总额是指各单位在报告期内直接支付给在岗职工的劳动报酬总额。

（3）其他从业人员劳动报酬，包括聘用的离退休人员、聘用的港澳台和外籍人员、聘用外单位下岗职工的劳动报酬。

（4）离开本单位仍保留劳动关系职工的生活费，包括内部退养职工和下岗未就业人员的生活费。

劳动工资统计报表制度

 成果

表 9-12 和表 9-13 分别为劳动报酬和生活费表与职工工资总额构成情况表，按照表 9-10 数据填写 1 月份的数据。

表 9-12

劳动报酬和生活费表

部门名称：_____　　　　　　　　　　　　　台　账：

计量单位：　人

职工类别：_____　　　　　　　　　　　　　工　资：　元

期别	单位从业人员劳动报酬	在岗职工工资总额	其他从业人员劳动报酬	聘用的离退休人员	聘用的港澳台和外籍人员	聘用外单位下岗职工	离开本单位仍保留劳动关系职工的生活费	内部退养职工	下岗未就业人员
甲	1	2	3	4	5	6	7	8	9
1 月									
2 月									
3 月									
一季度									
4 月									
5 月									
全年合计									

说明：①本台账可按不同类别的职工或部门分别填写。②宾词栏平衡关系：1=2+3；3=4+5+6。③职工工资总额=2+7。

表 9-13

职 工 工 资 总 额 构 成 情 况 表

部门名称：_____

台　账：
计量单位：　人
工　资：　元

职工类别：_____

期别	职工工资总额合计	在岗职工工资总额	计时和计件标准工资	奖金和计件超额工资	津贴和补贴	加班加点工资	其他			离开本单位仍保留劳动关系职工的生活费
							小计	调整工资补发上年工资		
甲	1	2	3	4	5	6	7	8	9	10
1 月										
2 月										
3 月										
一季度										
4 月										
5 月										
全年合计										

说明：①本台账可按不同类别的职工或部门分别填写。②宾词栏平衡关系：1=2+10；2=3+4+5+6+7；7=8+9。③劳动统计年报中人员指标以"人"为计量单位；劳动报酬以"千元"为计量单位；职工平均工资以"元"为计量单位。

 评价

学生根据表 9-12 和表 9-13 的编制情况进行自我评价，填写表 9-14。然后教师进行点评，学生自行做好记录。

表 9-14

评　价　表

评价项目	自我评价（5 分制）	教师点评
劳动报酬和生活费表		
职工工资总额构成情况表		
总点评		

任务 9.3 办理社会保险

目的

社会保险是国家立法强制实施的,缴费的个人和单位都必须按照规定的费率缴纳。因此,本任务的目的是:了解办理社会保险各项工作的程序和要求。

情景

续任务 8.1。张经理安排初薇接手公司的社会保险(以下简称"社保")工作。对于初薇来说,这是一项全新的工作。其情景如图 9-4 所示。

您好!我要给新员工办理社保,请问:需要带什么材料过去呢?

图 9-4 初薇准备给新员工办理社会保险

方式

三人为一组,分别扮演初薇、新统计员和新出纳员。

> **建议:**
> 本任务为任务 8.1 的延续,应按试用期工资作为缴费工资计算新员工的社会保险费。

指导

各类企业(含国有企业、集体所有制企业、股份制企业、股份合作制企业、外商投资企业、私营企业等)、企业化管理(职工工资及退休待遇按企业标准执行)的事业单位,均应按属地管理的原则,到纳税地(非纳税单位按单位地址区域)所管辖社会保险经办机构办理社会养老保险登记手续。新成立的单位应在单位批准成立之日起 1 个月内输登记手续。参保单位必须为与其发生事实劳动关系的所有人员(聘用的退休人员除外)办理社会保险手续。

办理增员或减员

1. 需填报的表格及附报资料

(1)企业参加社会保险登记表及在职职工增减异动明细表(一式两份)并在所管辖社会保险经办机构领取,或者通过网上申报成功后打印的登记表。

(2)营业执照(副本)或其他核准执业或成立证件。

(3)法定代表人的身份证复印件(加盖单位公章)。

（4）开户银行印鉴卡原件(加盖银行公章)。

（5）单位经办人身份证原件。

（6）新参保职工身份证复印件(户口不在本市的职工还需提供户口簿或者暂住证复印件)。

> **说明：**
> - 当月15日(含当日)内所申报的社保业务,属当月缴费记录;15日后的,属次月缴费记录。
> - 私营企业如相关证件无法清楚地认定其单位性质,应补报能证明其私营性质的相关资料(如工商部门的证明、税务登记证、验资报告等)。
> - 事业单位应附有关事业单位成立的文件批复。
> - 驻地办事处应附总公司或总机构的授权书。

2. 社会保障卡办理的具体步骤

社会保障卡是由人力资源和社会保障部统一规划,由各地社会保障部门面向社会发行,用于社会保障各项业务领域的集成电路卡(IC卡)。

（1）首次申请办卡的员工到公安机关认可的第二代身份证联网照相馆拍摄数码照,并向照相馆索取社会保障卡数码照回执,同时,在回执上工整填写姓名和身份证号码,以方便办理。已办理过社会保障卡,但是遗失需要重新办理的员工不需要提交数码照回执。

（2）已办理网上申报的企业可以直接在网上申请制证。首先打印制证清单,将需制证员工数码照回执(遗失补办卡不需要此回执)按所打印的制证清单的人员顺序进行排列并且附于清单后,并提供员工身份证复印件,提交到社保指定的制卡窗口,交纳工本费,领取制卡回执。

（3）未办理网上申报的,企业提交员工身份证复印件、社会保障卡数码照回执(遗失补办卡不需要此回执),社会保障卡数码照回执需按参保报表的顺序排列,附于参保报表后。遗失社会保障卡需要重新办理的,可以直接填写社会保障卡补办(挂失)申请表。经缴费所属征收部门打印制证清单后,可以到社保指定的制卡窗口交纳工本费,领取制卡回执。

（4）在个人缴费窗口缴费的人员,应提交身份证原件、社会保障卡数码照相回执(已办理过社会保障卡的不需要此项)到所属社保机构个人缴费窗口填表并交纳工本费,领取制卡回执。

（5）参保单位或个人缴费参保个人凭制卡回执在指定时间内到原制卡受理窗口取卡。

> **说明：**
> - 以个人名义交纳社会保险需要到户口所在地社保局申请。其所需材料包括:本人居民身份证、近期一英寸免冠照片两张、保费、申请书等。且只能办理养老和医疗保险两种。

成果

将调查到的关于办理社会保险的内容填写到表 9–15 中。

表 9–15

企业社保工作办理程序表

工作内容	办理流程	经办部门	所需资料	需填写的相关表格
办理增员和减员				
办理用工备案				
调整年度缴费工资				
办理劳动和社会保障年审				

评价

学生根据社会保险相关事项的掌握情况进行自我评价,填写表 9–16。然后教师进行点评,学生自行做好记录。

表 9–16

评 价 表

评价项目	自我评价（5 分制）	教师点评
准备工作是否充分		
材料是否齐全		
办理流程是否顺畅		
对社会保险政策是否熟悉		
总点评		

纳 税 业 务

作为财经文员应该懂得发票领购流程以及基本税种的纳税申报知识。

发票领购是指依法办理税务登记并取得税务登记证的单位和个人(以下简称纳税人),在购销商品、提供或者接受经营服务以及从事其他经营活动中需要使用发票的,应向其生产经营所在地主管税务机关申请使用发票并办理相关购票手续。

纳税申报是指纳税人按照税法规定的期限和内容向税务机关提交有关纳税事项书面报告的法律行为,是纳税人履行纳税义务、承担法律责任的主要依据,是税务机关税收管理信息的主要来源和税务管理的一项重要制度。

任务 10.1 购买发票

 目的

发票是记录经营活动的一种原始证明,也是税务稽查的重要依据,更是维护社会秩序的重要工具。因此,管好、用好发票不仅是税务机关自身的责任,也是整个社会的工作。本任务的目的是:学会购买发票。

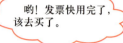

 情景

初薇为公司的办税员。发票快用完了,她准备去税务局购买发票 20 份。其情景如图 10-1 所示。

图 10-1 初薇准备购买发票

 方式

个人独立完成。

建议:

需要提前准备以下材料:

(1)法定代表人、经办人身份证原件及复印件。

(2)企业公章、财务专用章和发票专用章,如图 10-2 所示。

　　　(a)企业公章　　　　(b)财务专用章　　　　(c)发票专用章

图 10-2　企业公章、财务专用章和发票专用章

(3)税控盘。

 指导

1. 申请税控设备

所需资料:企业法人一证通、税务局发票回执。

2. 办理流程

已办理新户设立登记的企业,可以通过网上办税服务厅提交增值税发票申请。

(1) 登录网上办税服务厅。选择适用方法(如一证通或 CA 证书)登录。

(2) 在"发票业务"模块下,选择"增值税票种核定"。

(3) 点击"我要提交一个新申请",填写申请表(见表 10-1),如果增加票种的同时新增购票人,需上传购票人身份证明正反面。

表 10-1

纳税人领购发票票种核定申请审批表

纳税人识别号			法定代表人		
纳税人名称					
购票员名称		证件类型		证件号码	

发票名称	月用票量	发票名称	月用票量

申请理由: 申请人(签章) 年　月　日	申请人财务专用章或发票专用章印模	

以下由税务机关填写

发票名称	种类代码	操作类型	每月最高购票数量	每次购票最高数量	纳税人持票最高数量	开具最大金额	购票方式	联次屏蔽标志

办税服务厅意见: 经办人: (章) 负责人:　年　月　日	税务分局意见: 经办人: (章) 负责人:　　　　年　月　日
税政部门意见: 经办人:　　(章) 负责人:　年　月　日	领导审批意见: 主管局长:　　　　年　月　日

注:①本表系纳税人初次购票前及因经营范围变化等原因,需增减发票种类数量时填写;②经审批同意后,将有关发票内容打印在发票领购簿中;③此表不作为日常领购发票的凭据;④操作类型分为增加、修改和删除。

（4）提交申请后等待税务局受理，受理时间一般 1~2 个工作日。

（5）税务局受理完毕后下载打印发票回执。

（6）持发票回执到办税服务厅税控服务单位处办理税控设备手续。

3. 首次购买发票

（1）所需资料：购票人持本人身份证原件；营业执照副本原件；税控盘；发票专用章。

使用网上服务平台领购发票

> 说明：
> • 首次购买发票，购票人需要持上述资料到企业注册地对应的国税管理所票证中心，现场购买发票。

（2）办理流程如下：

① 抵达票证中心后，将税控盘插入自助购票机。

② 将经办人本人身份证原件放在自助购票机证件处。

③ 首次购票则点击"开户"，输入企业税号，核对企业名称。

④ 点击"下一步"，选择购买发票种类（专用发票或者普通发票）。

⑤ 输入购买发票数量。

⑥ 点击"确定"，打印发票领取凭条，到指定窗口领取发票。

> 说明：
> • 到票证中心购买发票时，一定要携带购票人身份证及税控盘。
> • 到指定窗口领取发票时，要出示企业营业执照副本及经办人身份证。

4. 非首次购买发票

（1）所需要资料：企业法人一证通。

（2）具体操作流程：非首次购买发票的企业，可以选择网上购买发票。使用一证通登录网上办税服务大厅，点击网上申领发票模块。进入后，选择一证通登录，并输入密码。选择发票业务。选择申请发票。点击新申请。输入申领数量。

> 说明：
> • 第一次进行网上购买发票时，需要填写领票人姓名、电话、详细配送地址。"是否自提"最好选择"否"，否则就要自己去自提地址领取发票。

填写完整后，点击"提交"，待审批状态为"派送中"后，点击"打印"，将网上领用发票收票单打印出来并加盖发票专用章。

> 说明：
> • 网上购买的发票，送达时间为购买次日，邮资自理。

5. 查询发票

（1）查看发票背面的查询说明信息。

（2）登录国家税务局官方网站，点击"发票查询"按钮。

（3）输入发票相关信息，如发票代码、发票号码及发票密码等，点击"查询"按钮。

（4）也可以直接在百度搜索框中输入"发票真伪查询"，在打开的界面输入发票信息。

 成果

请将本任务训练中形成的成果填写或粘贴在表 10-2 中。

表 10-2

纳税人票种核定申请审批表粘贴处

 评价

学生对购买发票相关事项的完成情况进行自我评价，并在相应的评价等级后的方框内打"√"。然后教师进行点评，学生自行做好记录。

（1）表格项目填写是否齐全。　　　　齐全□　　不齐全□

（2）表格项目填写是否规范。　　　　规范□　　不规范□

（3）办理流程是否熟悉。　　　　　　熟悉□　　不熟悉□

［教师点评］

任务 10.2　纳税申报

目的

能够独立完成增值税小规模纳税人的有关纳税申报。

情景

月初,初薇与李会计一起进行上一个月的纳税申报工作。其情景如图 10-3 所示。

上个月的销售很不错哦!

图 10-3　初薇进行纳税申报工作

方式

个人独立完成。

> **建议:**
> 需要提前准备增值税小规模纳税人纳税申报表。

指导

1. 纳税申报的相关规定

纳税申报是指纳税人、扣缴义务人按照法律、行政法规的规定,在申报期限内就纳税事项向税务机关书面申报的一种法定手续。

纳税人办理纳税申报时,应当如实填写纳税申报表,并根据不同的情况相应报送下列有关证件、资料,包括:

(1) 财务报表及其说明材料。

(2) 与纳税有关的合同、协议书及凭证。

(3) 税控装置的电子报税资料。

(4) 外出经营活动税收管理证明和异地完税凭证。

(5) 境内或者境外公证机构出具的有关证明文件。

(6) 纳税人、扣缴义务人的纳税申报或者代扣代缴、代收代缴税款报告表。其主要内容包括:税种、税目,应纳税项目或者应代扣代缴、代收代缴税款项目,计税依据,扣除项目及标准,适用税率或者单位税额,应退税项目及税额,应减免税项目及税额,应纳税额或者应代扣代缴、代收代缴税额,税款所属期限、延期缴纳税款、欠税、滞纳金等。

(7) 扣缴义务人办理代扣代缴、代收代缴税款报告时,应当如实填写代扣代缴、代收代缴税款报告表,并报送代扣代缴、代收代缴税款的合法凭证以及税务机关规定的其他有关证件、资料。

（8）税务机关规定应当报送的其他有关证件、资料。

2．计算应交增值税税额

（1）查阅销售发票，如表 10-3、表 10-4 和表 10-5 所示。

表 10-3

044011809904　　　　　　　　№01386144　044011809904
　　　　　　　　　　　　　　　　　　　　　　　　　　　　　01380144
校验码 17135 11211 00182 56122　　　　　　　　　　　开票日期：2018 年 03 月 05 日

购买方	名　　　称：广州新时代会展中心 纳税人识别号：914403199811081065 地址、电话： 开户行及账号：			密码区	7*0*1210-081*31+42/-82<1<0- *5>321-09>671*11/56/0-22*70 8+0/31+5-26+31<517/0<-5*01 *114>356-07/*10+3*51-2*1+>5		第一联：记账联 销售方记账凭证
货物或应税劳务、服务名称	规格型号	单位	数量	单价	金额	税率	税额
智能录音笔		支	20	194.1748	3883.50	3%	116.50
合　计					￥3883.50		￥116.50
价税合计（大写）		⊗肆仟圆整			（小写）￥4000.00		
销售方	名　　　称：广州市天地信息科技有限公司 纳税人识别号：91440104251676793E 地址、电话：广州市天河路 1818 号 020-83595034 开户行及账号：中国建设银行广州天河支行 1054401213459281645			备注			

收款人：何敏华　　　　复核：张国栋　　　　开票人：李美娟　　　　　　销售方：(章)

表 10-4

044011809904　　　　　　　　№01386145　044011809904
　　　　　　　　　　　　　　　　　　　　　　　　　　　　　01380145
校验码 17612 11211 00182 52135　　　　　　　　　　　开票日期：2018 年 03 月 15 日

购买方	名　　　称：广州电子商务公司 纳税人识别号：914403191108106598 地址、电话： 开户行及账号：			密码区	7*0*121+42/-82<1<0-0-081*31 *5>321-09>656/0-22*7071*11/ 8+0/31+5-26+31<517/0<-5*01 >356-07/*10+3*51-2*1+>5*114		第一联：记账联 销售方记账凭证
货物或应税劳务、服务名称	规格型号	单位	数量	单价	金额	税率	税额
助教机器人		个	10	2912.6214	29126.21	3%	873.79
合　计					￥29126.21		￥873.79
价税合计（大写）		⊗叁万圆整			（小写）￥30000.00		
销售方	名　　　称：广州市天地信息科技有限公司 纳税人识别号：91440104251676793E 地址、电话：广州市天河路 1818 号 020-83595034 开户行及账号：中国建设银行广州天河支行 1054401213459281645			备注			

收款人：何敏华　　　　复核：张国栋　　　　开票人：李美娟　　　　　　销售方：(章)

表 10–5

044011809904

广东增值税普通发票
记 账 联

校验码 11127 16121 00135 52182

№01386146   044011809904
01380146

开票日期:2018 年 03 月 20 日

购买方	名　　称: 广州市职业教育中心 纳税人识别号: 91440319110810 6598 地 址、电 话: 开户行及账号:	密码区	+42/-82<1<0-0-081*37*0*1211 -09>656/*5>3210-22*7071*11/ 8+0/31+5-26+31<517/0<-5*01 >356-07/3*51-2*1+>5*114*10+

货物或应税劳务、服务名称	规格型号	单位	数量	单价	金　额	税率	税　额
智能教室系统		套	1	145631.0680	145631.07	3%	4368.93
合　计					¥145631.07		¥4368.93

价税合计（大写）	⊗壹拾伍万圆整		（小写）¥150000.00

销售方	名　　称: 广州市天地信息科技有限公司 纳税人识别号: 91440104251676793E 地 址、电 话: 广州市天河路 1818 号 020-83595034 开户行及账号: 中国建设银行广州天河支行 1054401213459281645	备注	

收款人:何敏华　　　复核:张国栋　　　开票人:李美娟　　　销售方:(章)

第一联:记账联 销售方记账凭证

（2）查阅李会计登记的主营业务收入明细账，如表 10–6 所示。

表 10–6

主营业务收入明细账

2018 年		凭证编号	摘要	借方	贷方	借或贷	余额
月	日						
03	5	3	销售智能录音笔		3 883.50	贷	3 883.50
	15	15	销售助教机器人		29 126.21	贷	33 009.71
	20	24	销售智能教室系统		145 631.07	贷	178 640.78
	31		结转损益	178 640.78		平	0
	31		本月合计	178 640.78	178 640.78	平	0

（3）计算应纳税额。增值税小规模纳税人实行简易征收方法，不得开具增值税专用发票，不得抵扣进项税额。先将含税销售额换算为不含税销售额，然后进行相应计算。计算过程如下：

不含税销售额 =（4 000.00+30 000.00+150 000.00)÷（1+3%)=178 640.78（元）
应纳增值税税额 =178 640.78 × 3%=5 359.22（元）
应纳城市维护建设税税额 =5 359.22 × 7%=375.15（元）
应纳教育费附加 =5 359.22 × 3%=160.78（元）

（4）填写"增值税纳税申报表"（见表10-7）。

表 10-7

增值税纳税申报表

（小规模纳税人适用）

纳税人识别号：□□□□□□□□□□□□□□□□□□□

纳税人名称（公章）　　　　　　　　　　　　　　　　　金额单位：元至角分

税款所属期：　年　月　日至　　　年　月　日　　　　　填表日期：　年　月　日

项目	栏次	本期数		本年累计	
		货物及劳务	服务、不动产和无形资产	货物及劳务	服务、不动产和无形资产
一、计税依据 （一）应征增值税不含税销售额（3%征收率）	1				
税务机关代开的增值税专用发票不含税销售额	2				
税控器具开具的普通发票不含税销售额	3				
（二）应征增值税不含税销售额（5%征收率）	4				
税务机关代开的增值税专用发票不含税销售额	5				
税控器具开具的普通发票不含税销售额	6				
（三）销售使用过的固定资产不含税销售额	7（7≥8）				
其中：税控器具开具的普通发票不含税销售额	8				
（四）免税销售额	9=10+11+12				
其中：小微企业免税销售额	10				
未达起征点销售额	11				
其他免税销售额	12				
（五）出口免税销售额	13（13≥14）				
其中：税控器具开具的普通发票销售额	14				
二、税款计算 本期应纳税额	15				
本期应纳税额减征额	16				
本期免税额	17				
其中：小微企业免税额	18				
未达起征点免税额	19				
应纳税额合计	20=15-16				
本期预缴税额	21				
本期应补（退）税额	22=20-21				

续表

纳税人或代理人声明：本纳税申报表是根据国家税收法律法规及相关规定填报的，我确定它是真实的、可靠的、完整的。	如纳税人填报，由纳税人填写以下各栏：	
	办税人员：	财务负责人：
	法定代表人：	联系电话：
	如委托代理人填报，由代理人填写以下各栏：	
	代理人名称(公章)：	经办人： 联系电话：

主管税务机关：　　　　　　　接收人：　　　　　　　接收日期：

[填写说明]

(1)"税款所属期"是指纳税人申报的增值税应纳税额的所属时间，应填写具体的起止年、月、日。

(2)"纳税人识别号"栏，填写纳税人的税务登记证件号码。

(3)"纳税人名称"栏，填写纳税人名称全称。

(4)第1栏"应征增值税不含税销售额(3%征收率)"：填写本期销售货物及劳务、发生应税行为适用3%征收率的不含税销售额，不包括应税行为适用5%征收率的不含税销售额、销售使用过的固定资产和销售旧货的不含税销售额、免税销售额、出口免税销售额、查补销售额。

(5)第2栏"税务机关代开的增值税专用发票不含税销售额"：填写税务机关代开的增值税专用发票销售额合计。

(6)第3栏"税控器具开具的普通发票不含税销售额"：填写税控器具开具的货物及劳务、应税行为的普通发票金额换算的不含税销售额。

(7)第4栏"应征增值税不含税销售额(5%征收率)"：填写本期发生应税行为适用5%征收率的不含税销售额。

(8)第5栏"税务机关代开的增值税专用发票不含税销售额"：填写税务机关代开的增值税专用发票销售额合计。

(9)第6栏"税控器具开具的普通发票不含税销售额"：填写税控器具开具的发生应税行为的普通发票金额换算的不含税销售额。

(10)第7栏"销售使用过的固定资产不含税销售额"：填写销售自己使用过的固定资产(不含不动产，下同)和销售旧货的不含税销售额，销售额 = 含税销售额 ÷ (1+3%)。

(11)第8栏"税控器具开具的普通发票不含税销售额"：填写税控器具开具的销售自己使用过的固定资产和销售旧货的普通发票金额换算的不含税销售额。

(12)第9栏"免税销售额"：填写销售免征增值税的货物及劳务、应税行为的销售额，不包括出口免税销售额。应税行为有扣除项目的纳税人，填写扣除之前的销售额。

(13)第10栏"小微企业免税销售额"：填写符合小微企业免征增值税政策的免税销售额，不包括符合其他增值税免税政策的销售额。个体工商户和其他个人不填写本栏次。

(14)第11栏"未达起征点销售额"：填写个体工商户和其他个人未达起征点(含支持小微企业免征增值税政策)的免税销售额，不包括符合其他增值税免税政策的销售额。本栏次由个体工商户和其他个人填写。

(15)第12栏"其他免税销售额"：填写销售免征增值税的货物及劳务、应税行为的销售额，不包括符合小微企业免征增值税和未达起征点政策的免税销售额。

(16)第13栏"出口免税销售额"：填写出口免征增值税货物及劳务、出口免征增值税应税行为的销售额。

应税行为有扣除项目的纳税人，填写扣除之前的销售额。

(17)第14栏"税控器具开具的普通发票销售额"：填写税控器具开具的出口免征增值税货物及劳务、出口免征增值税应税行为的普通发票销售额。

(18)第15栏"本期应纳税额"：填写本期按征收率计算缴纳的应纳税额。

(19)第16栏"本期应纳税额减征额"：填写纳税人本期按照税法规定减征的增值税应纳税额。包含可在增值税应纳税额中全额抵减的增值税税控系统专用设备费用以及技术维护费，可在增值税应纳税额中抵免的购置税控收款机的增值税税额。

当本期减征额小于或等于第15栏"本期应纳税额"时，按本期减征额实际填写；当本期减征额大于第15栏"本期应纳税额"时，按本期第15栏填写，本期减征额不足抵减部分结转下期继续抵减。

(20)第17栏"本期免税额"：填写纳税人本期增值税免税额，免税额根据第9栏"免税销售额"和征收率计算。

(21)第18栏"小微企业免税额"：填写符合小微企业免征增值税政策的增值税免税额，免税额根据第10栏"小微企业免税销售额"和征收率计算。

(22)第19栏"未达起征点免税额"：填写个体工商户和其他个人未达起征点(含支持小微企业免征增值税政策)的增值税免税额，免税额根据第11栏"未达起征点销售额"和征收率计算。

(23)第21栏"本期预缴税额"：填写纳税人本期预缴的增值税额，但不包括查补缴纳的增值税额。

3. 申报缴纳税款

无论是国税或地税,纳税人可采取上门申报方式,也可采用数据电文申报方式。

电子申报操作步骤尽管各地不完全相同,但原理基本相同。下面以广州市小规模纳税人电子申报缴税为例,介绍其操作步骤。

网上报税

(1) 打开"广东省电子税务局"网站首页,如图 10–4 所示。

图 10–4　打开"广东省电子税务局"网站首页

(2) 点击右上角的"登录"按钮,输入用户名、密码和验证码,如图 10–5 所示。

图 10–5　输入用户登录信息

(3) 进入企业门户。点击"申报缴税"页签。在"国地税联合税费申报"界面中,在"增值税(适用于小规模纳税人)"行上,点击"填写申报表"链接,如图 10-6 所示。

图 10-6 准备填写增值税申报表

(4) 打开申报表。

(5) 填写申报数据,填写本月应税货物不含税销售额和应纳税额。

(6) 提交数据并缴税。点击"提交"按钮,出现对话框,如图 10-7 所示。

图 10-7 提交数据并缴税

(7) 点击"是"按钮,系统即时扣税。

说明:
● 城市维护建设税、教育费附加、企业所得税和个人所得税属于地方税。其申报方法与以上操作步骤相同。

成果

请将本任务形成的成果填写或粘贴在表 10-8 中。

表 10-8

增值税纳税申报表粘贴处

评价

　　首先学生根据纳税申报相关事项的完成情况进行自我评价,然后教师再作评价,最后学生综合评价结果,将平均分写在下面相应横线上。其中评价标准为:增值税纳税申报表能正确规范填写纳税人名称、统一社会信用代码、税款期限、不含税销售额和应纳税额,得5分;地方税费通用申报能正确规范填写城市维护建设税、教育费附加、地方教育附加的计税依据及应纳税额,得5分。共计10分。

综合评价:＿＿＿＿＿＿分

[教师点评]

商事变更登记与年度报告公示

商事变更登记(变动申报事项)是指商事主体在合法存续期间向商事登记机关提出申请,由商事登记机关将商事主体的变更事项登记于商事登记簿并予以公示的行为。

作为商事主体,应当在每年 1 月 1 日至 6 月 30 日向商事登记机关提交上一年度报告。

任务 11.1 办理商事变更登记

 目的

根据相关规定,完成商事变更登记。

 情景

广州市天地信息科技有限公司原董事长章雪友因工作原因调离本公司,由柳德龙担任董事长。张经理安排初薇办理商事变更登记,其情景如图11-1所示。

图11-1　张经理安排初薇办理商事变更登记

 方式

三人一组,分别扮演柳德龙、初薇,以及工商登记工作人员,模拟办理商事变更登记。

建议:

(1) 设立商事主体,应当向商事登记机关提交下列材料:

① 设立登记申请书。

② 公司章程或者协议。

③ 名称预先核准通知书。

④ 住所或者经营场所信息材料。

⑤ 投资主体资格证明。

⑥ 负责人、高级管理人员等相关成员的任职文件及身份证明。

⑦ 商事登记相关规定的其他材料。

(2) 办理商事变更登记需提前准备以下资料:

① 企业变更登记(变更申报事项)申请书(见表 11-1)。

表 11-1

企业变更登记、变动申报事项基本信息表

登 记 事 项			
名　　称		名称预先核准变更通知书文号	
住所或经营场所			
法定代表人(执行合伙人、投资人、负责人)姓名或名称		邮政编码	
联系电话		固定电话	
出资总额	币种＿＿＿＿＿＿＿＿＿＿＿＿＿(万元)	企业类型	
实收资本(募集设立的股份公司填写)	币种＿＿＿＿＿＿＿＿＿＿＿＿＿＿＿＿＿＿(万元)		
投资总额(外商投资企业填写)	币种＿＿＿＿＿＿＿＿＿＿＿＿＿(万元)	注册资本(外商投资企业填写)	币种＿＿＿＿＿＿＿＿＿＿＿＿＿(万元)
主营项目类别			
出资时间(募集设立的股份公司填写)		出资方式(募集设立的股份公司填写)	
营业期限			

续表

申报事项：	□实行认缴制企业申报实缴出资额　□在住所同一行政辖区内增设或撤销原设的经营场所 □经营范围　□董事　　□监事　□经理　□章程　　□章程修正案　□非公司企业法人主管部门(出资人)□分公司(分支机构)　□清算组(破产管理人)　□境外股东、发起人法律文书送达接受人

提示:在需要办理申报的事项前的"□"内打"√",并填写下面需要申报事项的栏目。

实缴出资额	币种		数额		万元
经营范围	一般经营项目: 许可经营项目:				
董事 (执行董事)					
监事					
经理					
章程	□章程		□章程修正案		
清算组 (破产管理人)	成　员				
	负责人		联系电话		
	通信地址				
	邮政编码				
非公司企业法人主管部门(出资人)					
分公司 (分支机构) 增设或撤销		名　称			增设/撤销
	1				
	2				
	3				
经营场所		地　址			增设/撤销
	1				
	2				
	3				
申请副本数量	个				

注:本页不够填写的可复印续页。

② 指定代表或者委托代理人身份证复印件(见表 11-2)。

表 11-2

指定代表或者共同委托代理人的证明

申请人: _____

指定代表或者委托代理人: _____

委托事项及权限:

 1. 办理 _____(企业名称)的
  □ 设立 □变更 □注销 □申报 □_____手续。

 2. 同意□ 不同意□ 核对登记材料中的复印件并签署核对意见;

 3. 同意□ 不同意□ 修改企业自备文件的错误;

 4. 同意□ 不同意□ 修改有关表格的填写错误;

 5. 同意□ 不同意□ 领取营业执照和有关文书。

 指定或者委托的有效期限:自　年　月　日至　年　月　日

指定代表或委托代理人或者经办人信息	签　字:
	固定电话:
	移动电话:
(指定代表或委托代理人、具体经办人身份证明正、反面复印件粘贴处)	

(申请人盖章或签字)

年　月　日

注:

 1. 办理设立登记的:申请人是指有限责任公司全体股东、国有独资公司国务院或地方人民 政府国有资产监督管理机构、股份有限公司董事会、非公司企业法人主管部门(出资人)、合伙企业全体合伙人、个人独资企业投资人、分支机构所属企业、合伙企业分支机构所属企业执行事务合伙人或委派代表。

 办理变更、注销登记,申报事项的:申请人是指本企业,其中合伙企业及其分支机构申请变更及申报事项,合伙企业分支机构申请注销登记的,申请人为执行事务合伙人或委派代表;合伙企业申请注销登记的申请人是指全体合伙人。

 2. 委托事项及权限栏目:第 1 项应当选择相应的项目并在□中打√,或者注明其他具体内容;第 2、3、4、5 项栏目选择"同意"或"不同意"并在□中打√。

 3. 指定代表或者委托代理人可以是自然人,也可以是其他组织;指定代表或者委托代理人是其他组织的,应当另行提交其他组织证书复印件及其指派具体经办人的文件、具体经办人的身份证件。

 4. 自然人申请人由本人签字,非自然人申请人加盖公章。

③ 营业执照正本和副本（见图 11-2）。

图 11-2　营业执照副本

④ 董事会决议（新董事会全体成员签名）。
⑤ 新任法定代表人的任职文件和原法定代表人的免职文件。
⑥ 法定代表人信息（见表 11-3）。

表 11-3

法定代表人信息

姓名		联系电话	
身份证件类型		身份证件号码	
（身份证件复印件粘贴处）			
法定代表人签字：		年　月　日	

任务 11.1 办理商事变更登记 **169**

指导

1. 商事主体的变更事项

商事主体是指经依法登记,以营利为目的从事经营活动的自然人、法人及其他经济组织。

商事主体的
种类

商事主体的登记事项或者备案事项发生变化时,商事主体应当自变更决议或者决定做出之日起 30 日内,向商事登记机关办理变更登记或者变更备案手续。具体的变更事项如下:

(1)商事主体登记事项:名称,住所或场所,类型,法定代表人或者其他商事主体负责人,出资总额,营业期限,投资人姓名(名称)。

(2)商事主体备案事项:章程或协议,经营范围,董事、监事、高级管理人员,清算组成员及负责人。

2. 商事变更登记的程序

(1)广州市天地信息科技有限公司签署"指定代表或者委托代理人的证明",委托初薇办理企业商事变更登记。

(2)初薇根据变更的事项填写"企业变更登记、变动申报事项基本信息表",只填写变更事项,并要求在申请表盖章处加盖公章,法定代表人签名等。

(3)法定代表人变更涉及公司章程修改的,还应提交关于修改公司章程的决议、决定以及修改后的公司章程或公司章程修正案(公司法定代表人签署)。

(4)初薇填写新任法定代表人的任职文件和原法定代表人的免职文件。

(5)初薇填写"法定代表人信息"表。

(6)初薇携带以上材料及营业执照正副本原件到当地政务服务中心工商局窗口提交申请及相关材料。

(7)商事登记机关对提交的材料进行审核,如果材料齐全,应当受理,并在规定时限内做出是否准予登记的决定。

(8)领取新营业执照。

💎 **说明:**

• 企业也可以选择登录工商红盾信息网,进入"网上服务大厅"的"商事变更登记"办理变更,具体流程如下:

① 核对身份 ➡ ② 变更(备案)事项 ➡ ③ 变更信息 ➡ ④ 委托代理人 ➡ ⑤ 确认信息 ➡ ⑥ 扫描资料上传

在完成上述流程操作后,提交申请,等待商事登记部门的审批和领取营业执照。

成果

请将填写的"企业变更登记、变动申报事项基本信息表"粘贴在表 11-4 中。"指定代表或者共同委托代理人的证明"和"法定代表人信息"拍照并打印出来。

表 11-4

<table>
<tr><td>

表格粘贴处

</td></tr>
</table>

 评价

学生根据办理商事变更登记的完成情况进行自我评价,并在表 11-5 中相应的评价等级前的方框内打"√"。然后教师进行点评,学生自行做好记录。

表 11-5

评　价　表

评价项目	评价等级	教师点评
准备事项的完整性	□优　□良　□中　□差	
填写表格的正确性	□优　□良　□中　□差	
办理流程的合理性	□优　□良　□中　□差	
总点评		

 任务 11.2 年度报告公示

 目的

根据相关规定,完成企业年度报告公示。

情景

按照现行规定,企业应当按时报送上一年度报告,并向社会公示。其情景如图 11-3 所示。

② 经理,我正在录呢。

① 初薇,上一年度的报告公示了吗?

图 11-3　初薇正在对本公司的年度报告进行公示

 方式

个人独立完成。

> 建议:
>
> 需提前准备以下资料:
>
> (1) 企业上一年度资产负债表和利润表。
>
> (2) 企业的基本信息表。
>
> (3) 股东及出资信息表。

 指导

1. 年度报告公示

当年设立的商事主体自下一年起提交年度报告。

商事主体提交年度报告时,年度报告填录信息分为基本信息、网站或网店信息、股东及出资信息、对外投资信息、资产状况信息、股权变更信息、对外担保信息、预览并公示等。其中是否有网站或网店、企业是否有对外投资设立企业信息、企业经营状态为企业选择填报信息项,其他信息需企业填报。商事主体对年度报告内容的真实性负责。

商事登记机关应当自收到商事主体提交的年度报告之日起 15 个工作日内,向社会公示商事主体提交的年度报告,并设立年度报告抽查制度。

企业信息公示暂行条例

2. 企业年度报告公示的步骤

(1) 打开"网上办事"频道,点击"用户登录"链接,如图 11-4 所示。

图 11-4 用户登录

(2) 输入用户账号、用户密码和验证码,点击"登录"按钮,如图 11-5 所示。

图 11-5 用户用账号密码登录

（3）点击"我要办事"链接，如图 11-6 所示。

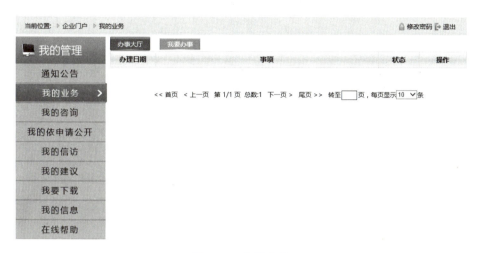

图 11-6　我要办事

（4）选择 15 企业年度报告（内资、外资、个体、农合）选项，点击"开始办理"链接，如图 11-7 所示。

图 11-7　选择办理事项

（5）进入"年度报告在线填报"界面，如图 11-8 所示。

图 11-8 在线填报

说明：
- 首次填报的用户，必须进行联络员信息备案。

（6）填报企业基本信息，如图 11-9 所示。

图 11-9 输入企业基本信息

（7）打开"网站或网店信息"页签，点击"添加"按钮，输入网站或网点信息，如图 11-10 所示。

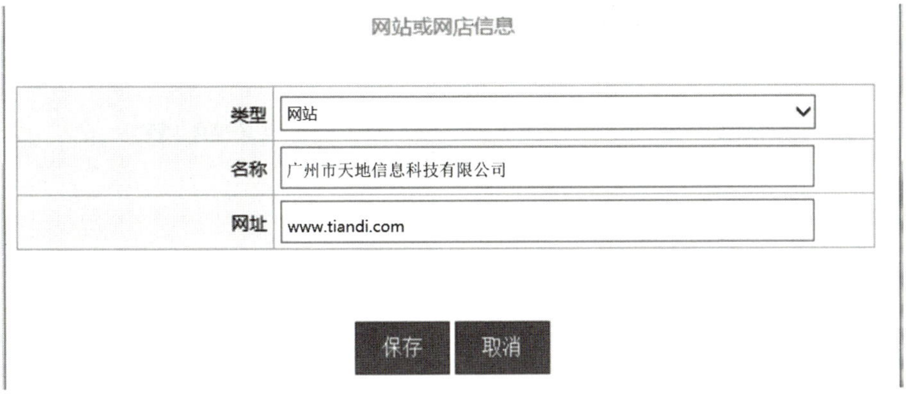

图 11-10　输入网站或网店信息

（8）填报或核对股东及出资信息，如图 11-11 所示。

股东	认缴出资额（万元）	认缴出资时间	认缴出资方式	实缴出资额（万元）	实缴出资时间	实缴出资方式	操作
章雪友	10	2008年3月1日	货币、实物	10	2008年3月1日	货币、实物	修改 删除
柳德龙	20	2008年3月1日	知识产权、其他	20	2008年3月1日	知识产权、其他	修改 删除

图 11-11　"股东及出资信息"页签

（9）企业如果有对外投资业务在这里填报，如图 11-12 所示。

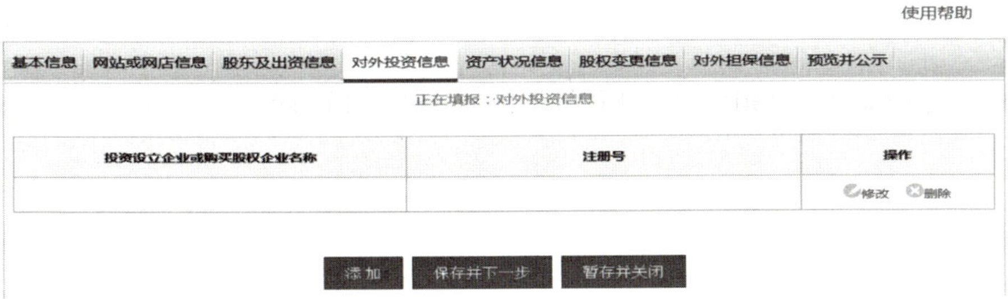

投资设立企业或购买股权企业名称	注册号	操作
		修改 删除

图 11-12　"对外投资信息"页签

（10）填报资产状况信息，如图 11-13 所示。

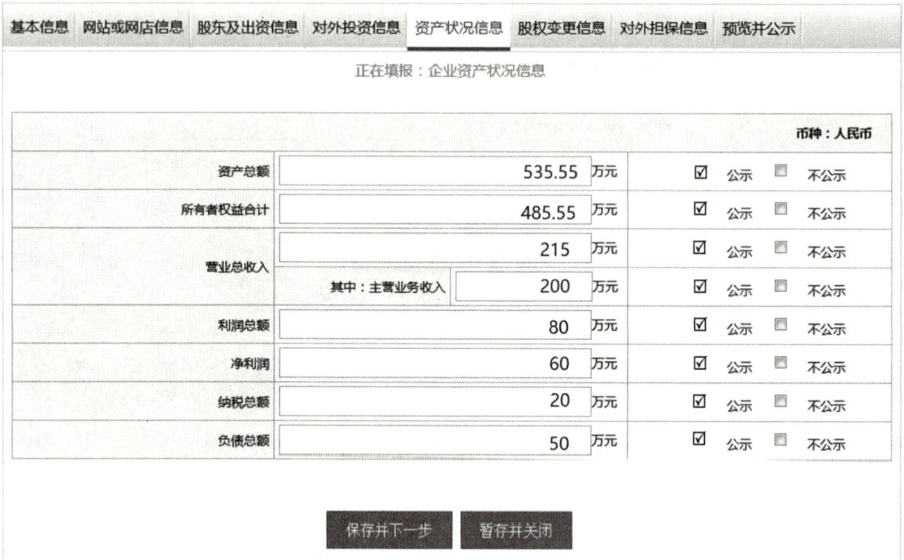

| 基本信息 | 网站或网店信息 | 股东及出资信息 | 对外投资信息 | **资产状况信息** | 股权变更信息 | 对外担保信息 | 预览并公示 |

正在填报：企业资产状况信息

币种：人民币

资产总额	535.55	万元	☑ 公示 ☐ 不公示
所有者权益合计	485.55	万元	☑ 公示 ☐ 不公示
营业总收入	215	万元	☑ 公示 ☐ 不公示
其中：主营业务收入	200	万元	☑ 公示 ☐ 不公示
利润总额	80	万元	☑ 公示 ☐ 不公示
净利润	60	万元	☑ 公示 ☐ 不公示
纳税总额	20	万元	☑ 公示 ☐ 不公示
负债总额	50	万元	☑ 公示 ☐ 不公示

保存并下一步　暂存并关闭

图 11-13　录入资产状况信息

（11）如果企业发生股权变更在这里填报，如图 11-14 所示。

| 基本信息 | 网站或网店信息 | 股东及出资信息 | 对外投资信息 | 资产状况信息 | **股权变更信息** | 对外担保信息 | 预览并公示 |

正在填报：股权变更信息

股东	变更前股权比例	变更后股权比例	股权变更日期	操作
				✎修改 ✖删除

添加　保存并下一步　暂存并关闭

图 11-14　"股权变更信息"页签

（12）企业如有对外担保业务在这里填报，如图 11-15 所示。

图 11-15　对外担保信息

（13）在完成以上步骤后进入信息总览页面，如需修正可返回进行修改。确认无误后点击"提交并公示"按钮。

 成果

请将企业年度报告公示的流程粘贴在表 11-6 中。

表 11-6

企业年度报告公示流程粘贴处

评价

　　学生根据办理年度报告公示的完成情况进行自我评价,并在表 11–7 中相应的评价等级前的方框内打"√"。然后教师进行点评,学生自行做好记录。

表 11–7

评 价 表

评价项目	评价等级	教师点评
准备事项的完整性	□优　□良　□中　□差	
操作步骤的准确性	□优　□良　□中　□差	
操作的熟练度	□优　□良　□中　□差	
工作的严谨性	□优　□良　□中　□差	
总点评		

拟写常用事务文书

文化是人类生活方式的整体，而人们的日常生活和工作则是这个整体中的主体。当各种各样的日常事务进入应用写作层面时，必然会出现种类繁多的事务性文书。因为日常，所以常用，我们把计划、总结、调查报告、典型材料、改进工作方案、规章制度、公示、启事、海报、申请书、读书笔记等最常用的应用文归纳集中为"常用事务性文书"。

拟写常用事务文书，是每一位文书工作人员在工作中必备和必须掌握的工作能力。

任务 12.1 拟写传真

 目的

传真机作为一种信息传递工具,以方便、快捷、准确、通信费用低等优势,成为企事业单位必不可少的通信工具。而传真作为常用商务文书广泛应用于日常商务活动当中。因此,本任务的目的是:学会拟写传真。

情景

张经理接到客户——顺达信息科技有限公司杨总经理的电话,咨询广州市天地信息科技有限公司新开发的产品的情况,希望能尽快传真一份新产品的推广说明书给他。张经理将这个任务交给了初薇,请初薇拟写一份传真给杨总经理。其情景如图 12-1 所示。

图 12-1 初薇拟写传真

 方式

个人独立完成。

> 建议:
> (1) 弄清传真机具有以下不可替代的优点:
> ① 看起来方便,即随时可以看。
> ② 涂改时会留下痕迹,可以防止被修改。
> ③ 不会中病毒,不会有黑客入侵。
> ④ 发送成功率高,不像电子邮件有时会收不到。
> ⑤ 还可以用来复印。

（2）提前准备一份传真模板作为参照,如表 12-1 所示。

表 12-1

传 真 模 板

提纲	模板
标题:单位名称 + 传真	＿＿＿＿＿传真
首部:• 收件人姓名	收件人:
• 收件人单位	单位:
• 抄送人姓名	抄送人:
• 传真号	传真号:
• 发件人姓名	发件人:
• 发件日期	日期:
• 总页数	总页数:
• 传真号	传真号:
• 电话	电话:
• 主题	主题:
• 紧急程度	❏ 紧急
• 回复要求选项	❏ 请审阅　　❏ 请批注　　❏ 请答复　　❏ 请传阅
主体:传输的内容(文书、文字材料和图像)	内容:

 指导

1. 传真

传真也称传真通信。所谓传真通信,是指把记录在纸上的文字、图表、相片等静止的图像变换成电信号,经传输线路传递到接收方,在接收方获得与发送原稿相似的记录图像的通信方式。因此,传真就是一种传输静态图像的通信方式。由于传真可以将原稿的真迹准确地传输给远距离的接收方,所以又有人称为远距离复印。传真机不仅能传送信息的内容,还能传送信息的形式;不但可以传递文字、数据、图表,还可以传递签名、手迹、印章等。因此,它具有特殊的应用价值。传真文件具有真迹传输、可靠性大、耐久性差的特点。

2. 传真的要领

（1）撰写传真文稿时,要做到语言简洁,格式规范。

（2）传真信纸要求统一印制,内容要齐备,格式要规范。

（3）传真发出后,应主动电询收件人（单位）是否收到。

3. 传真的结构和写法

（1）标题。由单位名称和文种构成。

（2）正文。

① 首部。包括收件人姓名、单位、抄送人姓名、传真号;发件人的姓名、发件日期、总页数、传真号、电话、主题、紧急程度、回复要求等。

② 主体部分。包括传输的文书、文字材料或图像等内容。

4. 传真的范例

传真的范例如表 12-2 所示。

表 12-2

方圆饮料加工有限公司传真
收件人:梁郝 单位:寰通物流服务有限公司 抄送人: 传真号:(020)56781234 发件人:钟鑫 日期:2018/7/25 总页数:共 1 页 传真号:(020)87654321 电话:(020)87654322 主题:联系仓储运输 　　☑紧急 　　□请审阅　　　　□请批注　　　　□请答复　　　　□请传阅
寰通物流服务有限公司: 　　我司现有 10 000 箱方圆牌矿泉水急需运往湖北省武汉市,请贵公司速与我司联系仓储运输的相关事宜。 　　　　　　　　　　　　　　　　　　　　　　方圆饮料加工有限公司(公章) 　　　　　　　　　　　　　　　　　　　　　　2018 年 7 月 25 日

 成果

请将本任务训练中形成的成果填写或粘贴在表 12-3 中。

表 12-3

传真粘贴处

评价

　　学生根据拟写传真的掌握情况进行自我评价,并将分值填到表 12-4 中。然后教师进行点评,学生自行做好记录。

表 12-4

评　价　表

评价项目	分值 / 分	自我评价	教师点评
结构完整,格式规范	2		
内容完备,条理清晰	2		
语言得体,简洁	1		
总点评			

 任务 12.2　拟写备忘录

 目的

　　备忘录,简单理解就是帮助或唤起记忆的记录。拟写工作备忘录的目的就是对某些事项达成一定程度的理解、谅解及一致意见以备忘录的形式记录下来,作为今后进一步磋商,达成最终意向的参考。

情景

　　为筹备新产品发布会,张经理决定在下星期一上午九时召开筹备会。通知已于本周星期一发给各相关科室人员。为使与会人员准时到会,本周星期五上午,张经理要求初薇拟写一份备忘录,下班前再发给各相关科室。其情景如图 12-2 所示。

图 12-2　张经理要求初薇拟写备忘录

方式

个人独立完成。

> 建议：
>
> 事先准备一份备忘录模板作为参照，如表 12-5 所示。

表 12-5

备忘录模板

提纲	模板
书端：发文机关的名称、地址，发文日期 事因 称呼 正文 结束语 署名	收文者：_____ 发文者：_____ 主题：_____ _____：_____ _____ _____ 此致 敬礼 日期：_____

指导

备忘录是指各级机关、企事业单位与社会团体及个人经常使用的，随时记载、帮助记忆的文书。

拟写备忘录的要领如下：

（1）每段开始通常靠左书写，不必空格。不过，由于备忘录不太正式，因此每一段开始也可空两格。重要的是格式要一致，不要第一段空两格，接下来一段又全部靠左。

（2）最有效的备忘录会先说明最重要的要点，清楚地告知读者希望他们完成的事。句子简明易懂，直截了当、切入重点，而且没有任何错别字。

（3）备忘录很少超过一页，以简明为要。

备忘录范例如表 12-6 所示。

表 12-6

备 忘 录

致：钟鑫（秘书） 由：林伟（行政部经理） 日期：2018 年 3 月 10 日 内容：总经理来穗行程安排 　　总经理定于 2018 年 3 月 15 日到达广州，并将于 3 月 18 日下午离开返回北京。希望你安排一下总经理在广州期间的行程，并经我确认后发到北京总部。

成果

请将本任务训练中形成的成果填写或粘贴在表 12-7 中。

表 12-7

备忘录粘贴处

 评价

学生根据拟写备忘录的掌握情况进行自我评价,并将分值填到表 12-8 中。然后教师进行点评,学生自行做好记录。

表 12-8

评 价 表

评价项目	分值 / 分	自我评价	教师点评
结构完整,格式规范	2		
内容完备,条理清晰	2		
语言得体,简洁	1		
总点评			

任务 12.3 拟写邀请函及请柬

目的

学会写邀请函及请柬。

情景

要开新产品发布会了,张经理指示初薇给老客户顺达信息科技有限公司杨总经理写一份邀请函。其情景如图 12-3 所示。

图 12-3 张经理要求初薇拟写邀请函

方式

个人独立完成。

> 建议:
> 提前准备一份邀请函及请柬模板作为参照,如表 12-9 所示。

表 12-9

邀请函及请柬模板

提纲	模板
标题 称谓 问候语 正文:邀请的目的,活动的内容、时间、地点及注意事项 祝颂语:写上"此致敬礼""敬请光临"或"敬请莅临""敬请光临指导"等 署名 日期	_____ _____: _____ _____ _____ _____。 此致 敬礼 ___年___月___日

指导

1. 邀请函与请柬的概念

邀请函是指邀请收信人前来参加某项活动的一种应用文书。邀请函的性质与作用虽同请柬相似,但其内容较请柬详细。邀请函一般会写出活动的指导思想、活动内容、对被邀请人的要求和希望等。

请柬又称请帖,是指邀请某单位或个人参加比较隆重的典礼、会议或某种有意义的活动而发出的通知书。请柬的内容较邀请函简单,但一定要写明什么时间、到什么地点、有什么活动。

2. 邀请函与请柬的区别

邀请函与请柬的区别如表 12-10 所示。

表 12-10

邀请函与请柬的区别

项目	邀请函	请柬
文案内容	比较详尽(被邀对象、活动内容、时间地点、参加人员及注意事项)	比较简略(被邀对象、邀请事由、莅临时地、邀请人)
文本形式	短文式文本,行文灵活	填空式文本,行文刻板
文本载体	无论用纸、印刷均无特殊要求	用纸精良、设色考究、制作精美

3. 邀请函与请柬的要领

(1) 写邀请函或请柬时,应注意使用礼貌语言,措辞应文雅、得体。

(2) 行文要简洁明快,内容要具体、明快。

(3) 发送时间要提早,让被邀请者有时间准备。

(4) 尽可能面交或邮寄,尽量不要请他人转交,以免造成失误或误解。

(5) 由于邀请函与请柬的使用范围广泛,因此写作时视对象、范围、内容不同,措辞要有所区别。

4. 邀请函与请柬的范例

(1) 邀请函的范例如表 12–11 所示。

表 12–11

<table>
<tr><td>

邀　请　函

尊敬的_____先生:

　　为切实落实教育部的职教精神,弘扬工匠精神,提高学生职业素养,我校将举办第___届技能节。 我们诚挚邀请您于 2018 年 6 月 10 日下午 14:30 来我校科技馆参加(第___届技能节)开幕式并作关于"职业与人生"专题讲座。

　　衷心希望得到您的支持!

_____学校
2018 年 5 月 20 日

</td></tr>
</table>

(2) 请柬的范例如表 12–12 所示。

表 12–12

<table>
<tr><td>

请　　柬

_____先生:

　　谨定于 2018 年 6 月 10 日上午 9 时在广州宾馆三楼会议室举行贸易洽谈会。敬请光临!

方圆饮料加工有限公司
2018 年 5 月 20 日

</td></tr>
</table>

 成果

请将本任务训练中形成的成果填写或粘贴在表 12–13 中。

表 12–13

<table>
<tr><td>

邀请函及请柬粘贴处

</td></tr>
</table>

评价

学生根据拟写邀请函及请柬的掌握情况进行自我评价,并将分值填到表 12-14 中。然后教师进行点评,学生自行做好记录。

表 12-14

评 价 表

评价项目	分值 / 分	自我评价	教师点评
结构完整,格式规范	2		
内容完备,条理清晰	2		
语言得体,简洁	1		
总点评			

任务 12.4 拟写招聘启事

 目的

作为财经文员,在招聘新员工的时候,需要进行很多工作,既需要有很多的招聘知识,也需要有很多的招聘经验,更需要有一定的文笔能力。因此,本任务的目的是:学会拟写招聘启事。

 情景

公司要对新产品进行促销,急需招聘两名营销人员。张经理要求初薇拟写一份招聘启事。其情景如图 12-4 所示。

图 12-4 张经理安排初薇拟写招聘启事

方式

个人独立完成。

建议:

提前准备一份招聘启事模板作为参照,如表 12-15 所示。

表 12-15

招聘启事模板

提纲	模板
标题:事由 + 文种 正文: • 招聘方的情况 • 招聘对象 • 招聘条件 • 受聘后的待遇 • 其他情况 • 报名办法、报名时间、报名地点 落款: 时间:	招聘启事 _____ _____ 现招聘职位如下:_____ _____ _____ _____ _____ _____ ____年___月___日

指导

1. 招聘启事的组成

招聘启事主要用于招聘专业人才,如科技人员、管理人员等。它是企事业单位、社会团体公开向社会招聘有关人员所使用的一种启事,可以在报刊登载,在电视台、广播电台做广告。

招聘启事由标题、正文和结尾三部分组成。标题的形式比较多样。第一种直接写招聘启事、用人启事、招贤启事等;第二种是注明招聘哪类人员,如招聘公关人员启事、招聘 ×× 饭店经理启事;第三种是由招聘单位名称和文种构成,如 ×× 饭店招聘公关部经理启事;第四种只写启事的事由,即招聘。正文主要包括用人的单位、部门、业务、目的、对象、条件、待遇、询问事宜、联系办法、联系时间等项内容。结尾包括署名和日期以及联系人、电话、邮编等内容,在正文右下方依次写明。

2. 招聘启事的要领

(1) 招聘启事应遵循实事求是的原则,对所招聘的各项内容,均应如实写出,既不可夸大,也不可缩小。特别是介绍本单位情况和应聘待遇等事项,不要言过其实。

(2) 招聘启事的各项内容,可分条列出,使之醒目。也可用不同的字体列出以示区别。

（3）招聘启事的语言应简练得体。

3. 招聘启事的范例

招聘启事的范例如表 12-16 所示。

表 12-16

招　聘　启　事
为充实本公司_____专柜营业员,拟招收一批营业员到_____专柜工作。招收条件、工作内容及薪酬待遇如下:

一、招收条件
1. 高中学历,本市户口。
2. 年龄 18 至 28 周岁以内女性,五官端正,具有亲和力。
3. 有销售经验口才佳者优先考虑。
二、工作内容及待遇
1. 负责销售公司各品牌钟表,属各商场专柜用工。
2. 薪酬为底薪加提成方式,根据专柜业绩据实核算。
三、上岗培训
由公司总部分配营业员到各柜台实习培训,培训期 3 个月后招收为正式营业员。
联系人:_____　（电话:_____）
_____商贸有限责任公司
_____年___月___日

 成果

请将本任务训练中形成的成果填写或粘贴在表 12-17 中。

表 12-17

招聘启事粘贴处

评价

学生根据拟写招聘启事的掌握情况进行自我评价,并将分值填到表 12-18 中。然后教师进行点评,学生自行做好记录。

表 12-18

评 价 表

评价项目	分值 / 分	自我评价	教师点评
结构完整,格式规范	2		
内容完备,条理清晰	2		
语言得体,简洁	1		
总点评			

 任务 12.5 拟写意向书

 目的

意向书,主要传达的是"意向"。拟写意向书,可以约束双方的行动,为进行下一步的实质性接触和谈判,或者正式签订合同或协议打下基础。

 情景

在新产品发布会上,张经理与顺达信息科技有限公司杨总经理进行协商,准备签订有效期为两年的购销合同。口头约定:顺达信息科技有限公司同意一次性订购不少于 100 万元的新产品,张经理同意所销新产品在批发价的基础下给予该公司 3% 的让利。张经理指示初薇就此次双方谈判达成的口头协议拟写一份意向书。其情景如图 12-5 所示。

 方式

个人独立完成。

图 12-5　张经理安排初薇拟写意向书

建议：

提前准备一份意向书模板作为参照，如表 12-19 所示。

表 12-19

意向书模板

提纲	模板
标题：项目名称＋意向书	_____意向书
正文： 1. 双方单位名称(可加括号注明简称,如"甲方"和"乙方")	_____(甲方) _____(乙方)
2. 双方代表人姓名、身份 3. 洽商时间、地点 4. 洽谈的主要事项 5. 主体：双方达到一致的条款	_____ 达成如下意向： 1. _____ 2. _____ _____ 3. _____ _____
6. 各方代表签名、时间	代表：_____(签章) 代表：_____(签章) ____年____月____日

指导

意向书是指双方当事人通过初步洽商，就各自的意愿达成一致认识而签订的书面文件,是双方进行实质性谈判的依据,是签订协议(合同)的前奏。

意向书的开始部分写双方单位名称,代表人姓名、身份,洽商时间、地点及洽谈的主要事项。主体部分写双方达到一致的条款。结尾部分签署各方代表的名称及时间。

意向书具有协商性、灵活性、临时性等特点,不具备法律的约束力。

意向书的范例如表 12-20 所示。

表 12-20

<table>
<tr><td colspan="6" align="center">产品购销意向书</td></tr>
<tr><td colspan="6">购货单位(甲方):</td></tr>
<tr><td colspan="6">供货单位(乙方):</td></tr>
<tr><td colspan="6">　　根据《中华人民共和国合同法》及有关法规的规定,经甲乙双方友好协商,本着平等、自愿、诚实、信任、互惠互利的原则达成如下意向:</td></tr>
<tr><td colspan="6">　　一、甲方订货详单</td></tr>
<tr><td>商品名称</td><td>规格型号</td><td>单价</td><td>数量</td><td>金额</td><td>备注</td></tr>
<tr><td></td><td></td><td></td><td></td><td></td><td></td></tr>
<tr><td colspan="6">合计　人民币(大写):</td></tr>
</table>

　　二、产品品质保证

乙方保证产品是由原厂商供应、全新、未曾用过,完全符合本意向书规定的规格和性能。

　　三、产品验收

甲方应按照合同的规格型号及数量对产品进行验收,保修及售后服务按随机质量保证书条款,由保修站负责保修。

　　四、运输方式及交货地点

乙方负责组织运输并承担运费,乙方送货到甲方指定厂区,并负责且派专人管理卸货期间的人员作业安全,因自身原因发生的一切安全责任事故由乙方自行负责,甲方提供卸货场地,保证道路畅通,协调地方关系尽可能为乙方供货提供便利条件。

　　五、购销意向条款

　　1. 乙方签订本意向书后,甲方将在 30 天内,正式通知乙方签订正式的购销合同(以下简称"购销合同")。

　　2. 乙方同意在接到甲方正式通知的时间内签订购销合同。

　　3. 双方签订购销合同时,共同遵守以下约定:

　　(1) 购销合同应包括本意向书第一条所载明的内容以及符合本意向书的双方均同意的其他条款。

　　(2) 购销合同的核心内容(标的、价格、付款方式、质保期等条款)必须与本意向书一致,否则视为无效。

　　六、付款方式

乙方按货款提供本合约签订单位出具增值税专用发票,以银行汇票方式结算。在双方对结果无异议的条件下,乙方提交发票后,甲方在 30 日内一次性结清货款。

　　七、其他

本意向书一式两份,双方代表签字并盖章后生效。

甲方:　　　　　　　　　　　　　　　　乙方:

　　(盖公章)　　　　　　　　　　　　　　　(盖公章)

签订时间:　　　年　　月　　日　　　　签订时间:　　　年　　月　　日

成果

请将本任务训练中形成的成果填写或粘贴在表 12-21 中。

表 12-21

意向书粘贴处

评价

学生根据拟写意向书的掌握情况进行自我评价,并将分值填到表 12-22 中。然后教师进行点评,学生自行做好记录。

表 12-22

评　价　表

评价项目	分值 / 分	自我评价	教师点评
结构完整,格式规范	2		
内容完备,条理清晰	2		
语言得体,简洁	1		
总点评			

任务 12.6 设计订货单格式

 目的

订货单种类繁多,结构灵活多样,格式也没有严格的规定。因此,本任务的目的是:学会设计订货单。

 情景

张经理要求初薇配合新产品发布会,为新产品设计订货单格式。其情景如图 12-6 所示。

图 12-6   张经理安排初薇设计产品订货单

 方式

个人独立完成。

建议:
提前准备一份订货单模板作为参照,如表 12-23 所示。

表 12-23

订货单模板

提纲	模板
标题:可以是"货物名称 + 文种""单位名称 + 文种",或者只写"文种"	_____订货单
正文: 1. 买卖双方信息,如公司名称、联系人、邮政编码、单位地址、电话号码、传真号码、电子邮件地址等	购方:　　　　　　　　　销方: 单位名称:_____　　　单位名称:_____ 地址:_____　　　　　地址:_____ 联系人:_____　　　　联系人:_____ 电话:_____　　　　　电话:_____ 传真:_____　　　　　传真:_____ 邮编:_____　　　　　邮编:_____
2. 订货信息,如商品编号、商品名称、商品单价、订货数量等 3. 配送方式及配送地点信息 4. 支付方式及银行账户 5. 买方的意见和要求	结算方式:_____　　　发票性质:_____ 要求发运方式:_____　税号:____账号:____ 开户行:_____　　　　希望到货时间:_____
品名规格	单位	数量	单价	金额 |
---	---	---	---	---	
				|
				|
				| 总金额大写:(单位:人民币)_____ 请将货款汇至以下账户:_____ 户名:_____ 开户行:_____ 账号:_____ 联系电话:_____ 传真:_____ 联系人:_____ 订货单位(签章):_____ 经办人(签章):_____
结尾: 经办人签字或加盖公章及成文日期	有效期限:____年__月__日至___年__月__日

 指导

1. 订货单的特点

订货单是指订购产品和货物的单据。订货单有多种样式,卖方依据所出售产品和货物的特点制作订货单,由买卖双方填写。

订货单具有以下特点:

(1) 协约性。即买卖双方都应信守订货单中的各项条款。

(2) 严肃性。订货单具有合同的性质,买卖双方都应严肃对待,不可有欺诈行为。

2. 订货单的要领

(1) 订货单是订购产品和货物的单据。订货单有多种样式,卖方依据所出售产品和货物的特点制作订货单,由买卖双方填写。

(2) 制作订货单应注明有效期限。

(3) 注意订货单与订货合同的区别。金额巨大的大宗货物交易,不宜用订货单,要考虑签订订货合同。

 成果

请将本任务训练中形成的成果填写或粘贴在表 12-24 中。

表 12-24

订货单粘贴处

 评价

学生根据设计订货单的格式进行自我评价,并将分值填到表 12-25 中。然后教师进行点评,学生自行做好记录。

表 12-25

评 价 表

评价项目	分值／分	自我评价	教师点评
结构完整,格式规范	2		
内容完备,条理清晰	2		
语言得体,简洁	1		
总点评			

任务 12.7　拟写产品说明书

　目的

产品说明书就是对产品进行介绍和说明。它具有宣传产品,指导消费;扩大消息,促进消费;传播知识,创造品牌等作用。因此,本任务的目的是:学会拟写产品说明书。

　情景

为了能让客户在新产品发布会上更清晰地了解产品性能,张经理安排初薇和市场部同事一起共同拟写一份产品说明书,其情景如图 12-7 所示。

图 12-7　张经理安排初薇与市场部同事拟写产品说明书

方式

两人一小组，共同完成。

> 建议：
> 提前准备一份产品说明书模板作为参照，如表12-26所示。

表12-26

产品说明书模板

提纲	模板
标题:产品名称或产品名称 + 说明书	产品说明书
正文:包括产品特点、注意事项、使用或操作方法、维护方法等	1. 产品特点:_____ 2. 注意事项:_____ 3. 使用或操作方法:_____ 4. 维护方法:_____

指导

1. 产品说明书的概念、特点和组成

产品说明书是指生产者向消费者介绍产品的性能特点、保养维修及注意事项等内容的应用文体。它主要用于结构比较复杂，必须按一定程序使用的产品，尤其是新开发、新上市的产品。产品说明书是生产单位向市场、消费者介绍和推荐产品的一种重要宣传工具。它可以使经销单位了解产品，帮助消费者熟悉产品，从而占领市场，同时，还能提供有关科技情报和资料，供科研部门及企业的科技人员掌握有关科技动态。产品说明书的主要特点是其内容的科学性和实用性，既要准确客观，又要通俗明了。

2. 产品说明书的基本结构

产品说明书的基本结构通常由标题、正文和落款三个部分构成。

（1）标题。通常由产品名称或说明对象加上文种构成。

（2）正文。正文是产品说明书的主体部分，是介绍产品的特征、性能、使用方法、保养维护、注意事项等内容的核心所在。

（3）落款。即写明生产者、经销单位的名称、地址、电话、邮政编码、E-mail 等内容。

3. 产品说明书的要领

（1）产品特点部分简单介绍产品的性能、规格、结构、用途、使用范围等，便于消费者对该产品有一个全面的了解，以便在使用时能做到心中有数。

（2）使用或操作方法等内容要按操作步骤顺序说明，文字务必准确，决不能产生歧义。

（3）产品使用说明书往往配有详细的图示，并且语言浅显、简明、准确。

4. 产品说明书的范例

产品说明书的范例如表 12-27 所示。

表 12-27

××牌洗衣粉使用说明书
（1）本品适用于洗涤棉织品和化纤品。
（2）洗涤时，先用本品两汤匙溶于半盆温水中。
（3）如遇衣领、袖口较脏时，可撒少许干的洗衣粉，搓洗干净。
（4）本品容易受潮，宜放干燥处，但受潮后效力不变。

 说明：

● 产品说明书不仅要介绍其优点，同时还要清楚地说明应注意的事项和可能产生的问题。单纯的文字性说明书已经不能满足一些复杂的工业产品的说明需求，很多厂商通过三维动画加实拍的宣传片代替简单的产品说明书。

 成果

请将本任务训练中形成的成果填写或粘贴在表 12-28 中。

表 12-28

产品说明书粘贴处

评价

　　学生根据拟写产品说明书的掌握情况进行自我评价,并将分值填到表 12–29 中。然后教师进行点评,学生自行做好记录。

表 12–29

评　价　表

评价项目	分值 / 分	自我评价	教师点评
结构完整,格式规范	2		
内容完备,条理清晰	2		
语言得体,简洁	1		
总点评			

"十二五"职业教育国家规划立项教材书目

书号	书名	主编	估定价
978-7-04-053072-8	会计基本技能(第二版)	关 红	24.10
978-7-04-054006-2	会计基本技能强化训练(第二版)	关 红	19.20
978-7-04-054045-1	会计基础(第二版)	杜怡萍	33.10
978-7-04-047522-7	会计基础学习指导与练习	杜怡萍	21.20
978-7-04-048723-7	出纳实务	刘 健	26.10
978-7-04-054274-5	出纳实务同步训练	刘 健	15.30
978-7-04-049443-3	企业会计实务	徐 俊	43.00
978-7-04-050980-9	企业会计实务学习指导与练习	梁健秋	28.90
978-7-04-054134-2	税费计算与缴纳(第二版)	陈 琰	
978-7-04-047379-3	税费计算与缴纳同步训练	陈 琰	15.40
978-7-04-049324-5	纳税实务(第四版)	乔梦虎	49.40
978-7-04-047022-2	会计电算化(畅捷通 T3 版)	韩 林	28.90
978-7-04-047908-9	会计电算化同步训练(畅捷通 T3 版)	韩 林	19.20
978-7-04-051989-1	会计实务操作(第二版)	朱玲娇	41.00
978-7-04-053440-5	企业会计模拟实习	朱玲娇	
978-7-04-054165-6	成本业务核算(第二版)	詹朝阳	33.00
978-7-04-048235-5	成本业务核算同步训练	詹朝阳	32.30
978-7-04-	统计信息整理与应用	张寒明	
978-7-04-048691-9	收银实务(第三版)	于家臻	21.30
978-7-04-	收银实务同步训练	于家臻	
978-7-04-054135-9	财经法规与会计职业道德(第二版)	韩 菲	
978-7-04-048287-4	财经法规与会计职业道德学习指导与练习	余 琼、韩 菲	18.30
978-7-04-048159-4	财经应用文写作	柳胜辉	25.50
978-7-04-051925-9	财经应用文写作同步训练	柳胜辉	23.70
978-7-04-050145-2	财经文员实务	林 晓	28.60
978-7-04-046722-2	会计电算化(畅捷通 T3 版)	曹小红	26.00
978-7-04-047692-7	会计电算化上机指导(畅捷通 T3 版)	曹小红	17.80
978-7-04-028745-5	Excel 在会计中的应用(第三版)	孙万军	22.70
978-7-04-049106-7	涉税业务信息化处理	马 明	29.10
978-7-04-046729-1	会计实务信息化操作	曾红卫	33.40
978-7-04-047239-4	成本核算信息化处理	张建强	29.40

郑重声明

高等教育出版社依法对本书享有专有出版权。任何未经许可的复制、销售行为均违反《中华人民共和国著作权法》,其行为人将承担相应的民事责任和行政责任;构成犯罪的,将被依法追究刑事责任。为了维护市场秩序,保护读者的合法权益,避免读者误用盗版书造成不良后果,我社将配合行政执法部门和司法机关对违法犯罪的单位和个人进行严厉打击。社会各界人士如发现上述侵权行为,希望及时举报,本社将奖励举报有功人员。

反盗版举报电话　　(010)58581999　58582371　58582488
反盗版举报传真　　(010)82086060
反盗版举报邮箱　　dd@hep.com.cn
通信地址　　北京市西城区德外大街4号
　　　　　　高等教育出版社法律事务与版权管理部
邮政编码　　100120

防伪查询说明

用户购书后刮开封底防伪涂层,利用手机微信等软件扫描二维码,会跳转至防伪查询网页,获得所购图书详细信息。也可将防伪二维码下的20位密码按从左到右、从上到下的顺序发送短信至106695881280,免费查询所购图书真伪。

反盗版短信举报

编辑短信"JB,图书名称,出版社,购买地点"发送至10669588128

防伪客服电话

(010)58582300

学习卡账号使用说明

一、注册/登录

访问http://abook.hep.com.cn/sve,点击"注册",在注册页面输入用户名、密码及常用的邮箱进行注册。已注册的用户直接输入用户名和密码登录即可进入"我的课程"页面。

二、课程绑定

点击"我的课程"页面右上方"绑定课程",正确输入教材封底防伪标签上的20位密码,点击"确定"完成课程绑定。

三、访问课程

在"正在学习"列表中选择已绑定的课程,点击"进入课程"即可浏览或下载与本书配套的课程资源。刚绑定的课程请在"申请学习"列表中选择相应课程并点击"进入课程"。

如有账号问题,请发邮件至: 4a_admin_zz@pub.hep.cn。